PLANEJAMENTO E EXECUÇÃO DE POLÍTICAS PÚBLICAS PARA A JUVENTUDE

Editora Appris Ltda.
1.ª Edição - Copyright© 2025 dos autores
Direitos de Edição Reservados à Editora Appris Ltda.

Nenhuma parte desta obra poderá ser utilizada indevidamente, sem estar de acordo com a Lei nº
9.610/98. Se incorreções forem encontradas, serão de exclusiva responsabilidade de seus organi-
zadores. Foi realizado o Depósito Legal na Fundação Biblioteca Nacional, de acordo com as Leis nºs
10.994, de 14/12/2004, e 12.192, de 14/01/2010.

Catalogação na Fonte
Elaborado por: Josefina A. S. Guedes
Bibliotecária CRB 9/870

B816p 2025	Branco, Letícia Atique
	Planejamento e execução de políticas públicas para a juventude / Letícia Atique Branco. – 1. ed. – Curitiba: Appris, 2025.
	89 p.; 21 cm. – (Ciências sociais).
	Inclui referências.
	ISBN 978-65-250-7426-9
	1. Juventude. 2. Políticas públicas. 3. Administração pública. I. Título. II. Série.
	CDD – 305.23

Livro de acordo com a normalização técnica da ABNT

Appris
editora

Editora e Livraria Appris Ltda.
Av. Manoel Ribas, 2265 – Mercês
Curitiba/PR – CEP: 80810-002
Tel. (41) 3156 - 4731
www.editoraappris.com.br

Printed in Brazil
Impresso no Brasil

LETÍCIA ATIQUE BRANCO

PLANEJAMENTO E EXECUÇÃO DE POLÍTICAS PÚBLICAS PARA A JUVENTUDE

Appris
editora

CURITIBA, PR
2025

FICHA TÉCNICA

EDITORIAL
Augusto Coelho
Sara C. de Andrade Coelho

COMITÊ EDITORIAL
Ana El Achkar (Universo/RJ)
Andréa Barbosa Gouveia (UFPR)
Antonio Evangelista de Souza Netto (PUC-SP)
Belinda Cunha (UFPB)
Délton Winter de Carvalho (FMP)
Edson da Silva (UFVJM)
Eliete Correia dos Santos (UEPB)
Erineu Foerste (Ufes)
Fabiano Santos (UERJ-IESP)
Francinete Fernandes de Sousa (UEPB)
Francisco Carlos Duarte (PUCPR)
Francisco de Assis (Fiam-Faam-SP-Brasil)
Gláucia Figueiredo (UNIPAMPA/ UDELAR)
Jacques de Lima Ferreira (UNOESC)
Jean Carlos Gonçalves (UFPR)
José Wálter Nunes (UnB)
Junia de Vilhena (PUC-RIO)

Lucas Mesquita (UNILA)
Márcia Gonçalves (Unitau)
Maria Aparecida Barbosa (USP)
Maria Margarida de Andrade (Umack)
Marilda A. Behrens (PUCPR)
Marília Andrade Torales Campos (UFPR)
Marli Caetano
Patrícia L. Torres (PUCPR)
Paula Costa Mosca Macedo (UNIFESP)
Ramon Blanco (UNILA)
Roberta Ecleide Kelly (NEPE)
Roque Ismael da Costa Güllich (UFFS)
Sergio Gomes (UFRJ)
Tiago Gagliano Pinto Alberto (PUCPR)
Toni Reis (UP)
Valdomiro de Oliveira (UFPR)

SUPERVISORA EDITORIAL
Renata C. Lopes

PRODUÇÃO EDITORIAL
Daniela Nazário

REVISÃO
Katine Walmrath

DIAGRAMAÇÃO
Ana Beatriz Fonseca

CAPA
Mateus Porfírio

REVISÃO DE PROVA
Ana Castro

COMITÊ CIENTÍFICO DA COLEÇÃO CIÊNCIAS SOCIAIS

DIREÇÃO CIENTÍFICA
Fabiano Santos (UERJ-IESP)

CONSULTORES
Alícia Ferreira Gonçalves (UFPB)
Artur Perrusi (UFPB)
Carlos Xavier de Azevedo Netto (UFPB)
Charles Pessanha (UFRJ)
Flávio Munhoz Sofiati (UFG)
Elisandro Pires Frigo (UFPR-Palotina)
Gabriel Augusto Miranda Setti (UnB)
Helcimara de Souza Telles (UFMG)
Iraneide Soares da Silva (UFC-UFPI)
João Feres Junior (Uerj)

Jordão Horta Nunes (UFG)
José Henrique Artigas de Godoy (UFPB)
Josilene Pinheiro Mariz (UFCG)
Leticia Andrade (UEMS)
Luiz Gonzaga Teixeira (USP)
Marcelo Almeida Peloggio (UFC)
Maurício Novaes Souza (IF Sudeste-MG)
Michelle Sato Frigo (UFPR-Palotina)
Revalino Freitas (UFG)
Simone Wolff (UEL)

AGRADECIMENTOS

Aos meus pais, Simone Atique e Luiz Carlos Branco Júnior, que foram fundamentais para a qualificação da discussão de questões fundamentais que compuseram este livro. Amo vocês.

Ao ex-prefeito Luiz Fernando Machado, que durante sua gestão à frente do município de Jundiaí (2017–2024) confiou a mim, durante o seu segundo mandato, o desafio de atuar como Assessora de Políticas para a Juventude, o que me permitiu aprender e crescer tanto pessoalmente quanto profissionalmente.

Aos meus amigos, Paulo Fernando de Almeida e Alessandra de Araújo Citelli, que sempre próximos motivaram o meu melhor, me ensinando e vibrando a cada conquista tanto pessoal quanto profissional na Prefeitura de Jundiaí.

Aos meus colegas, gestores municipais de juventude, que sempre me acolheram e me ensinaram tanto. Em especial, Ramirez Lopes, Felipe Gonçalves da Silva e Viviane Trevizan.

Ao meu irmão, que deu propósito ao meu trabalho voltado às políticas públicas de e para a juventude no município de Jundiaí.

PREFÁCIO

A formulação de políticas públicas para juventudes no Brasil enfrenta desafios estruturais, uma vez que a temática não está consolidada na agenda governamental, em todas as esferas de poder. Logo, somado ao desafio demográfico voltado ao público em questão, e à falta de literatura específica para a pauta, o livro *Planejamento e Execução de Políticas Públicas para a Juventude* se firma como pioneiro e necessário.

Porém, antes de comentar a obra, é salutar reconhecer os esforços, a capacidade técnica e de inovação da autora. Letícia Branco é uma jovem entusiasta da transformação social. Uma verdadeira guerreira das políticas para juventude.

Não é fora de questão pontuar aqui minha admiração pela autora, uma vez que a conheci enquanto era gestor de juventude da cidade de São Paulo. E desde o início de nossa aproximação a vi obstinada pelo propósito de executar com perfeição e real impacto ações para as juventudes do seu município e país. E posso dizer mais: seu foco sempre foi em construir políticas que transcendam mandatos, e se consolidem como políticas públicas estruturantes.

Tendo posto isso, o manual tem um papel fundamental para simplificar o passo a passo de implementação tanto de órgãos gestores de juventude, mecanismos de participação social como da estruturação de políticas para juventudes nos municípios que o desejam.

A obra é organizada de forma didática, iniciando pelo conceito do que é "política pública", passando pela tipificação das juventudes e indo até os mecanismos necessários para a criação de um órgão gestor municipal, o plano, o sistema e fundo municipais para as juventudes.

Considerando que as juventudes merecem ser prioridade de agenda dos municípios, o manual é um guia de ações básicas para o público de 15 a 29 anos, segundo o Estatuto da Juventude, e garante que tenhamos cidades mais prósperas.

As juventudes não são somente o futuro, elas são o presente. Sob essa ótica, podemos inferir que a destinação de recursos para essa faixa etária não pode ser considerada como gasto, mas sim como investimento. Cidades que investem no público-alvo investem na sua transformação e prosperidade. Garantem transformação social e redução de desigualdades.

Que você, ao ler esta obra, se inspire em seguir o exemplo da autora e transforme a realidade das juventudes do seu município, mesmo tendo desafios à sua frente. Afinal, a missão de ser um servidor público é a de jamais desistir de transformar sua comunidade em um lugar melhor.

Ramirez Lopes
Ex-Coordenador de Políticas de Juventude da Cidade de São Paulo

SUMÁRIO

INTRODUÇÃO 13

CAPÍTULO 1
TRANSIÇÃO ETÁRIA: DIREITOS E DEVERES DE ADOLESCENTES E
JOVENS 21

CAPÍTULO 2
POLÍTICAS PÚBLICAS E O SEU CICLO 27

CAPÍTULO 3
UM OLHAR SENSÍVEL PARA A JUVENTUDE 31

CAPÍTULO 4
COMO ESTRUTURAR
UMA AGENDA DE JUVENTUDE 37

CAPÍTULO 5
SISTEMA DE JUVENTUDE 41

CAPÍTULO 6
ÓRGÃO GESTOR DE JUVENTUDE 47

CAPÍTULO 7
PLANO DE JUVENTUDE 53

CAPÍTULO 8
CANAIS DE PARTICIPAÇÃO SOCIAL 59

CAPÍTULO 9
FUNDO MUNICIPAL DA JUVENTUDE...71

CAPÍTULO 10
REFORMULAÇÃO DO SISTEMA NACIONAL DA JUVENTUDE 73

CAPÍTULO 11
FORMAÇÃO DO ECOSSISTEMA DE JUVENTUDE......................................77

CAPÍTULO 12
CONSIDERAÇÕES FINAIS..83

REFERÊNCIAS 87

INTRODUÇÃO

Este manual é um diagnóstico com foco na solução de desafios voltados às políticas públicas para a juventude dentro dos municípios brasileiros. Por isso, tem por objetivo reunir as principais questões relacionadas ao desenvolvimento de políticas, com base nos direitos e deveres estabelecidos no Estatuto da Juventude.

Diante desse cenário, busca-se destacar a importância de os municípios priorizarem a juventude em suas agendas políticas, incentivando a criação de dispositivos específicos para a boa gestão de políticas públicas voltadas a essa temática. Visto que a preocupação de colocar a juventude como pauta na agenda política é fundamental para garantir que as suas demandas, desafios e oportunidades sejam considerados no processo de formulação de políticas públicas.

O debate sobre políticas públicas voltadas aos jovens, tanto em nível internacional quanto nacional, ocorreu de forma tardia, refletindo o contexto das gerações de direitos fundamentais[1] e suas conexões com os Direitos Humanos.

No Brasil, as questões referentes aos direitos coletivos ganharam força com a Constituição Federal de 1988, a qual trouxe à tona debates referentes aos direitos da criança e do adolescente e da pessoa idosa com o **Capítulo VII – Da Família, Da Criança, Do Adolescente e Do Idoso**, o que posteriormente levou à instituição do Estatuto da Criança e do Adolescente (ECA), em 1990, e consequentemente ao aprofundamento da discussão referente à proteção integral desse público em específico.

Entretanto, os direitos das juventudes ficaram à margem desse debate. Ainda hoje, não existe um consenso internacional

---

[1] Os direitos fundamentais definem padrões mínimos para garantir a todos os indivíduos o tratamento com dignidade.

acerca da exata faixa etária relacionada à juventude, de modo que a Organização das Nações Unidas (ONU), para fins estatísticos, considera as pessoas com idade entre 15 (quinze) a 24 (vinte e quatro) anos como jovens, sem prejuízo de outras definições de seus Estados-membros.

Figura 1. Linha do tempo dos marcos nas Políticas Públicas de Juventude no Brasil

TRAJETÓRIA COM OS MARCOS LEGAIS E ESTRUTURAIS DAS POLÍTICAS PÚBLICAS PARA A JUVENTUDE NO BRASIL

Fonte: elaboração própria, 2024

Com o avanço internacional nas questões da juventude, especialmente após a Organização das Nações Unidas declarar o ano de 1985 como o "Ano Internacional da Juventude", o Brasil também deu seus primeiros passos nesse debate, que culminou na criação da Secretaria Nacional da Juventude (SNJ) e do Conselho Nacional da Juventude (Conjuve) em 2005.

Dentro desse contexto, a Assembleia Geral das Nações Unidas adotou a *Resolução 54/120*,[2] no início dos anos 2000, que endossou

---

[2] **Resolução n.º 54/120 adotada pela Assembleia Geral das Nações Unidas:** endossa a recomendação realizada pela Conferência Mundial de Ministros Responsáveis pela Juventude, para que dia 12 de agosto seja declarado o Dia Internacional da Juventude, e ainda recomenda que sejam organizadas atividades de informação pública a todos os níveis para apoiar o Dia como forma de promover melhor sensibilização, especialmente entre a juventude, no Programa de Ação.

a recomendação de que o **dia 12 de agosto** fosse declarado como o **Dia Internacional da Juventude**, buscando chamar atenção da comunidade internacional para as questões da juventude e celebrar o potencial dos jovens como parceiros na sociedade global atual.

Com o fortalecimento das discussões sobre os direitos da juventude, a qual já havia desempenhado papel crucial na redemocratização do país, esse debate avançou e, em 2010, a Emenda Constitucional n.º 65, conhecida como Emenda Jovem, inseriu formalmente a juventude como sujeito de direitos na Constituição Federal.

Além da alteração da Constituição Federal, a Emenda Jovem ainda prevê as criações do Estatuto da Juventude e do Plano Nacional da Juventude com duração decenal, visando à articulação da temática nas várias esferas do poder público para a execução de políticas públicas.

A Prioridade Absoluta é um princípio estabelecido pela Constituição Federal de 1988, em seu artigo 227, que, com a Emenda Jovem, passa a assegurar também que os jovens devam ser tratados como uma prioridade máxima pelo Estado, colocando suas necessidades no centro das políticas públicas, garantindo o acesso a serviços e direitos fundamentais que favoreçam seu desenvolvimento integral.

A regulamentação dos direitos da juventude volta a progredir com a instituição da **Lei Federal n.º 12.852, de 5 de agosto de 2013**, conhecida como **Estatuto da Juventude**, que dispõe sobre os direitos, princípios e diretrizes das políticas públicas de juventude, bem como cria o Sistema Nacional da Juventude (SINAJUVE), o qual se constitui como forma de articulação e organização da União com os demais entes federativos e a Sociedade Civil para a promoção de políticas de juventude.

Com o fortalecimento dos direitos da juventude pelo Estatuto, torna-se indispensável que as políticas públicas assegurem a participação dos jovens durante o seu desenvolvimento. Esse envolvimento é essencial para enfrentar desafios como o rápido envelhecimento populacional do Brasil, que torna urgente a preparação dos jovens para esse novo cenário.

Com esse panorama, este manual reúne informações acerca do desenvolvimento de uma sistemática dentro dos municípios, partindo da estruturação de dispositivos de juventude que auxiliem na construção, desenvolvimento e monitoramento de políticas públicas voltadas para essa faixa etária.

Partindo dessa prerrogativa, torna-se evidente que a criação de dispositivos voltados para a juventude é fundamental, visto que estes são essenciais para garantir a boa gestão das políticas públicas e assegurar que os direitos dos jovens sejam efetivamente garantidos, por meio do desenvolvimento dessas políticas em âmbito local.

No entanto, cabe apontar a dificuldade de inserir a juventude como pauta prioritária na agenda política municipal, o que resulta no desafio de mobilizar esforços voltados ao desenvolvimento de políticas públicas que atendam às necessidades específicas dessa faixa etária.

Neste manual busca-se apresentar a metodologia e conceituar o *Sistema Municipal de Juventude* como parte de um ecossistema extremamente necessário, objetivando a estruturação e ativação dos dispositivos de juventude que garantam políticas específicas para esse público, sendo estes: órgão gestor,[3] conselho, fundo e o plano municipal da juventude.

A partir disso, o município passa a institucionalizar uma estrutura que leva à ativação do Sistema de Juventude, com o qual garante o desenvolvimento, a operacionalização, a manutenção e o financiamento de políticas públicas com a participação ativa da juventude.

Essa estruturação se faz cada vez mais necessária, uma vez que o país caminha para o fim do bônus demográfico, onde há o

---

[3] O órgão gestor de juventude se refere a estrutura de juventude criada dentro do organograma do Executivo Municipal para lidar com as políticas públicas de e para a juventude, podendo ser entendido como uma Subsecretaria, Diretoria, Divisão, Coordenação, Assessoria, entre outros.

cenário de rápido envelhecimento da população, de modo que se torna impossível desassociar as políticas intergeracionais[4] do desenvolvimento de políticas públicas para a juventude.

Com o avanço do envelhecimento populacional no Brasil, as políticas públicas voltadas para os jovens devem antecipar os impactos que essa realidade trará, incluindo questões como previdência social, relações intergeracionais no mercado de trabalho e a responsabilidade que essa faixa etária carregará no futuro.

A apresentação do Sistema de Juventude e de seus dispositivos de juventude bem como a proposta de reestruturação do Sistema Nacional da Juventude (SINAJUVE) reforçam a premissa do desconhecimento técnico e da falta de pensamento estratégico dos entes federativos de criarem políticas de Estado que visem à perpetuação de políticas públicas e ambientes de juventude dentro dos municípios.

Frente a isso, a estruturação dos dispositivos de juventude é primordial para a garantia dos direitos dos jovens, uma vez que a implementação de uma estrutura de juventude dentro da Administração Pública Municipal, bem como a criação e institucionalização do Conselho e Fundo Municipais, somadas ao desenvolvimento do Plano de Juventude passam a garantir que as políticas públicas de juventude sejam desenvolvidas e implementadas no âmbito do ciclo de políticas públicas, atendendo às dificuldades e anseios dos jovens dentro do território.

Com a priorização da temática como uma agenda política dentro da Administração Pública, o gestor busca liderar a articulação para a criação dos demais dispositivos de juventude, que buscam auxiliar no dinamismo do ecossistema municipal, garantindo que os demais atores no território que atuam com os direitos da juventude, como a sociedade civil organizada, participem do ciclo de políticas públicas para a juventude, bem como garantam o bom funcionamento dos dispositivos de juventude como o Conselho e o Fundo.

---

[4] Políticas intergeracionais abrangem o desenvolvimento de políticas públicas que abarcam todas as gerações.

A adesão à metodologia do Sistema de Juventude evidencia a importância de desenvolver uma nova regulamentação do Sistema Nacional da Juventude, visto que, atualmente, este falha em cumprir o seu objetivo de ser uma forma de articulação e organização da União com os demais atores de juventude, haja vista que não há como garantir o compromisso desses entes de manterem estruturas fundamentais para a ativação do Sistema.

Assim, diferentemente do Sistema Nacional de Cultura (SNC), que estimula a criação com força de lei de componentes que levem à ativação do Sistema Municipal de Cultura para os municípios que apresentam interesse em fazer a adesão, a fim de garantir o desenvolvimento de políticas públicas, o SINAJUVE não possui um instrumento fiscalizador para garantir a ativação dos dispositivos sugeridos pelo Sistema Municipal de Juventude.

Cabe aqui apontar que a atual configuração do Sistema Nacional também não contempla a importância de criar um Fundo de Juventude, o que se traduz em uma estagnação nas políticas públicas de juventude, uma vez que se torna inviável o repasse de recursos Fundo a Fundo para a manutenção dessas políticas.

Além disso, apesar de estar previsto no Decreto n.º 9.306, de 15 de março de 2019, que regulamenta o SINAJUVE, o fato de que o município que realizou a adesão deve em até 2 (dois) anos desenvolver o Plano da Juventude, este não prevê um instrumento fiscalizador que auxilie de forma técnica os municípios para que tal condição realmente se concretize.

Sendo assim, nota-se que diversos municípios que realizaram a adesão ao Sistema Nacional de Juventude até hoje, não desenvolveram seus respectivos Planos, reforçando a falta de compromisso da União e dos demais entes federativos em garantir esforços para sensibilizar os municípios sobre a importância de se criar tais dispositivos de juventude.

Diante desse cenário, conclui-se que, apesar dos esforços, as políticas para a juventude pouco avançaram nos últimos anos. Diz-se isso porque falta muito auxílio técnico aos entes federativos, principalmente aos municípios, para a consolidação de estruturas de juventude que perpassem governos e desenvolvam sistemas municipais que garantam os direitos das juventudes em seus territórios.

A proposta da implementação do Sistema Municipal de Juventude é de uma estruturação pensada para auxiliar a Administração Pública nesse cenário, reforçando a estruturação dos dispositivos essenciais de juventude, como o órgão gestor, o conselho, o fundo e o plano municipal, garantindo o bom desenvolvimento de políticas públicas que permitam que os jovens tenham seu espaço garantido dentro do município e tenham suas particularidades atendidas pelo Poder Público.

Desse modo, o manual *Planejamento e Execução de Políticas Públicas para a Juventude* foi idealizado para auxiliar pessoas que atuam ou desejam atuar na Administração Pública com as políticas voltadas à juventude e que não sabem por onde começar. Ao destacar a importância da estruturação de dispositivos municipais, este manual visa proporcionar uma boa gestão das políticas públicas de juventude, permitindo que os jovens possam participar de forma mais próxima e ativa no ciclo dessas políticas.

CAPÍTULO 1

TRANSIÇÃO ETÁRIA: DIREITOS E DEVERES DE ADOLESCENTES E JOVENS

O primeiro passo para o desenvolvimento de políticas públicas para a juventude é compreender as normas legais aplicáveis para a estruturação objetiva dessas políticas. Dessa forma, este capítulo busca trazer um panorama sobre a forma como a juventude é abordada dentro das legislações vigentes, e tratar principalmente sobre o Estatuto da Juventude, instituído pela Lei Federal n.º 12.852, de 5 de agosto de 2013.

Com isso, torna-se crucial abordar os desdobramentos da intersecção etária e a aplicabilidade legal na faixa etária de 15 (quinze) a 18 (dezoito) anos incompletos, tanto pelo Estatuto da Juventude quanto pelo Estatuto da Criança e do Adolescente (ECA), que preconizam direitos complementares e abrangentes.

Uma vez que este compêndio tem o objetivo de auxiliar as pessoas que venham a atuar com as políticas públicas de juventude, cabe aqui pautar a dificuldade de compreender a abrangência dessas legislações e entender até onde o Poder Público Municipal, dentro de suas competências, deve atuar na garantia de direitos tanto da criança e do adolescente quanto da juventude.

O Estatuto da Criança e do Adolescente, instituído pela Lei n.º 8.069, de 13 de julho de 1990, dispõe de uma série de instrumentos legais visando garantir a prioridade absoluta e proteção integral da criança e do adolescente, estabelecendo, assim, uma série de responsabilidades para os mais diversos atores municipais, como o Ministério Público, as Defensorias Públicas, os Conselho

Tutelares, o Conselho Municipal dos Direitos da Criança e do Adolescente (CMDCA).

Observando o público objetivado por este manual e a Lei que institui o Estatuto da Juventude, observa-se que o cuidado com o adolescente e o jovem segue para um outro viés, prezando pelos seus direitos e pelas políticas públicas para essa faixa etária, tendo como premissa uma série de questões que são próprias da juventude, como a garantia de sua autonomia.

Este manual tem um caráter investigativo e propositivo, com a proposição de soluções no âmbito das políticas públicas, voltado especificamente para a juventude nos municípios brasileiros. Sabendo que seu desenvolvimento é realizado a partir da identificação dos desafios nesse campo, este estudo visa auxiliar a estruturação de um Sistema Municipal de Juventude compacto, mas com mecanismos robustos dentro do ciclo das políticas públicas.

Para isso, torna-se necessário apontar neste capítulo as nuances legais de ambas as normas apresentadas e de que modo estas impactam o desenvolvimento e estruturação de políticas públicas para o público jovem, compreendido pela faixa etária entre 15 (quinze) a 29 (vinte e nove) anos.

Muito se confunde a pertinência e aplicabilidade das normas, especialmente aqueles formuladores de políticas públicas que não possuem uma base fundamentada no Direito, como foi o meu caso. A esquematização a seguir mostra como as normas legais abrangem o público tratado neste manual e de que modo a aplicabilidade dessas normas é complementar quando se observa a intersecção etária preconizada tanto pelo Estatuto da Criança e do Adolescente quanto pelo Estatuto da Juventude.

Figura 2. Intersecção etária do ECA com o Estatuto da Juventude

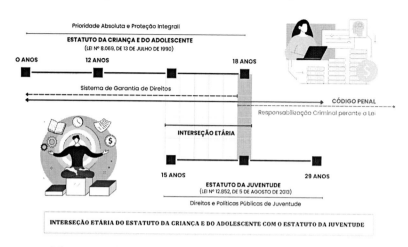

Fonte: elaboração própria, 2024

No Brasil, durante a década de 1990, entrou em vigor o Estatuto da Criança e do Adolescente (ECA), que estabelece os direitos e garantias para esse público, entendendo que nessa fase do desenvolvimento humano se faz necessária uma série de cuidados e proteção. A partir disso, o ECA estabelece uma rede de proteção, conhecida como Sistema de Garantia de Direitos (SGD), que visa garantir o cumprimento dos direitos que abrangem de forma global todos os aspectos da vida dessas crianças e adolescentes.

Com a promulgação do Estatuto da Juventude e a definição nacional de que jovens são todos aqueles que se encontram na faixa etária dos 15 (quinze) aos 29 (vinte e nove) anos, surge uma intersecção etária, que é abrangida por ambos os Estatutos, composta pelo público com idade entre 15 (quinze) e 18 (dezoito) anos incompletos, gerando uma série de dúvidas acerca da extensão e aplicabilidade dessas normas para o desenvolvimento de políticas públicas para a juventude.

Aqui cabe pautar que o Estatuto da Juventude, além de conferir uma gama de direitos para os jovens e prezar por sua autonomia, traz, principalmente, diretrizes para o desenvolvimento de políticas públicas para a juventude por todos os entes federativos, bem como aponta suas respectivas responsabilidades dentro do Sistema Nacional da Juventude (SINAJUVE).

Diante disso, mesmo durante o desenvolvimento da Lei Federal n.º 12.852/2013, o Estatuto da Juventude já prevê que, em caso de conflito de normas para esse público, devem prevalecer os ditames do Estatuto da Criança e do Adolescente, visto que, apesar de prezar pelo desenvolvimento de políticas que levem a uma maior autonomia do jovem adolescente, este ainda faz parte do público de direitos e proteção integral conforme prevê o ECA de forma ampla.

Assim, torna-se interessante abordar questões referentes à menoridade e à maioridade penal, a partir de 18 (dezoito) anos, e de que modo o Código Penal compreende os públicos abordados por ambos os Estatutos. "*Art. 27. Os maiores de dezoito anos são penalmente inimputáveis, ficando sujeitos às normas estabelecidas na legislação especial.*" Com o artigo 27, o próprio Código Penal, com a promulgação do Estatuto da Criança e do Adolescente, sofre adequações a fim de atender ao capítulo específico do ECA voltado à Prática de Ato Infracional,[5] praticado pelas pessoas menores de 18 (dezoito) anos.

Com isso, diante dessas alterações, o Estatuto da Criança e do Adolescente trata de forma específica em todo o seu Capítulo IV questões relacionadas às Medidas Socioeducativas e à sua tipificação, levando em consideração o modo como tais medidas serão aplicadas e a capacidade que esses adolescentes infratores têm de cumprir tais medidas.

Assim, diante do recorte da faixa etária da juventude (15 a 29 anos), cabe diferenciar que, quando o jovem menor de 18 (dezoito) anos é flagrado na prática de um ato infracional, ele é apreendido e, a depender da gravidade do ato, submetido às medidas socioe-

---

[5] Importante lembrar que o menor infrator (indivíduo com menos de 18 anos) não comete crime, e sim ato infracional.

ducativas previstas no Estatuto da Criança e do Adolescente (ECA). Já o jovem que alcançou a maioridade penal é detido e submetido ao sistema de justiça criminal.

Por outro lado, diferentemente do ECA, que trata diretamente da responsabilização de crianças e adolescentes em atos infracionais, o Estatuto da Juventude não possui relação direta com essa matéria. Isso porque este tem como foco a garantia de direitos e a promoção de políticas públicas que assegurem o desenvolvimento, os direitos e a autonomia dos jovens.

Logo, frente ao exposto, cabe reforçar que a responsabilização penal de jovens acima de 18 (dezoito) anos é regulada exclusivamente pelo Código Penal, sem qualquer relação com o Estatuto da Juventude.

Partindo dessa perspectiva, é importante pontuar que este capítulo não busca abordar de forma profunda a questão que envolve a ocorrência dos atos infracionais ou crimes pelo jovem sob a ótica penal, mas sim trazer uma provocação acerca da importância de garantir políticas públicas aplicadas a esses adolescentes e jovens.

Sob a ótica do formulador de políticas públicas, é importante ter a percepção de que tal ocorrência pode significar que políticas públicas desenvolvidas para esse público falharam no seu objetivo de garantir direitos, deveres e autonomia para aquele jovem.

Diante dessa circunstância, cabe aqui apontar que um dos maiores desafios dos formuladores de políticas públicas para a juventude é — junto com outros atores municipais do Sistema de Garantia e Direitos — pensar em novas políticas que auxiliem na reinserção desses jovens na sociedade e entender em que ponto as políticas públicas desenhadas estão falhando.

Neste momento, torna-se interessante expandir o campo de visão para além das políticas públicas específicas para a juventude e observar um contexto maior, uma vez que o trabalho intersetorial e intersecretarial permite o desenvolvimento integrado de políticas públicas completas que abraçam também o jovem, como é o caso do Sistema Único de Assistência Social (SUAS).

CAPÍTULO 2

POLÍTICAS PÚBLICAS E O SEU CICLO

Ao longo do desenvolvimento do Plano Municipal da Juventude[6] no Município de Jundiaí, SP, fizemos a escuta de dezenas de jovens tanto por meio de pesquisas quantitativas quanto qualitativas, a fim de entender o que um Plano Municipal deveria abranger sob a perspectiva do jovem jundiaiense.

Em todas as escutas realizadas, foi necessário iniciar a discussão apontando a diferença entre a política e a política pública, além de enfatizar a importância de o jovem participar desse processo.

Partindo dessa prerrogativa, a política e a política pública podem ser compreendidas como atividades complementares, onde sua principal diferença está no objetivo e no direcionamento de cada propositura.

Figura 3. Diferença entre Política e Política Pública

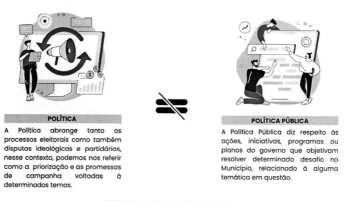

Fonte: elaboração própria, 2024

---

[6] O Plano Municipal da Juventude (2024–2034) de Jundiaí foi instituído pelo Decreto Municipal n.º 3.964, de 25 de abril de 2024, na Imprensa Oficial do Município, dia 26 de abril de 2024, Edição 5.449.

Enquanto a política trata dos processos eleitorais e das disputas ideológicas e partidárias, a política pública busca a solução objetiva para os desafios cotidianos enfrentados pela população, buscando melhorar a qualidade de vida por meio de ações governamentais.

Diante disso, Capella (2018, p. 10) corrobora tal percepção de que a identificação de problemas, reforçados em um momento político, quando se transpõe para a política pública, requer atenção governamental (definição de agenda) e uma busca inicial por soluções possíveis, confrontadas com seus custos e efeitos estimados (definição de alternativas).

Esse esclarecimento é essencial para o início deste capítulo, visto que é muito comum observar essa dificuldade vinda tanto das pessoas quanto dos formuladores de políticas públicas, de compreender como se dá essa diferença e qual o impacto disso no desenvolvimento de políticas públicas dentro da Administração Pública, principalmente nos primeiros meses de governo.

Assim, para a pessoa que foi designada para trabalhar com políticas públicas para a juventude, além disso, torna-se extremamente importante entender como é que funciona o ciclo das políticas públicas e qual o seu papel enquanto gestor nesse processo.

Figura 4. Ciclo de Políticas Públicas

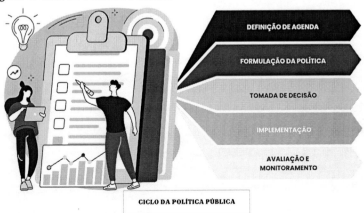

Fonte: elaboração própria, 2024

Após a compreensão das etapas desse ciclo, torna-se fundamental entender o papel de cada ator dentro delas, especialmente do gestor de juventude, que é responsável por traduzir os desafios identificados em ações concretas.

A partir disso, cabe observar quais os instrumentos legais, bem como o plano de governo, a fim de desenhar a melhor solução possível para esse determinado problema, podendo ser um plano, um programa, uma campanha, uma lei ou uma alternativa que atenda à proposta desenhada.

As atribuições e funções do formulador de políticas públicas para a juventude, aqui entendido como gestor de juventude, irão depender da descrição e da finalidade do cargo ocupado. Entretanto, no geral dentro da Administração Pública este é responsável pela gestão, planejamento e execução das políticas e programas voltados à juventude.

Ao observar essas funções dentro do ciclo de políticas públicas, é possível compreender que o gestor é responsável por executar todas as etapas do ciclo, de modo que, alinhado com o Plano de Governo, o gestor irá definir uma agenda temática, com base nos desafios e dificuldades enfrentados pelos jovens no município.

Com a definição da agenda, o gestor irá desenhar e formular uma política pública que mitigue essas questões. Após, tal política deve ser aprovada pelo secretário da pasta ou chefe do executivo municipal e, a partir das evidências apresentadas, esta seguirá para a sua fase de implementação e monitoramento.

Cabe pontuar que este manual possui um capítulo específico sobre o órgão gestor de juventude, onde será melhor aprofundado sobre quais os tipos de estruturas de juventude que podem ser instituídas dentro do organograma municipal e quais suas principais diferenças visando à estruturação de políticas públicas de juventude.

Entendendo qual o papel do gestor de juventude dentro do ciclo de políticas públicas, torna-se interessante também pontuar as responsabilidades do vereador, haja vista que muito se confunde quais são as competências de cada um nesse ciclo, principalmente quando se observa o *"extrapolamento"* dessas funções em articulações de programas e projetos com outros entes federativos.

O vereador, sob a ótica das políticas públicas para a juventude, além de atuar como intermediário entre as demandas dos jovens e o Poder Executivo, exerce uma função fundamental na fase de fiscalização, garantindo que as políticas aprovadas sejam executadas de acordo com o que foi proposto, assegurando que as ações concretas reflitam de fato as necessidades da juventude no município.

A partir disso, é possível compreender que o gestor de juventude e o vereador têm responsabilidades conjuntas dentro do ciclo de políticas públicas, onde o vereador atua fortemente nas fases iniciais durante o processo de formulação e de proposição de políticas para a juventude, bem como na fase final de fiscalização e avaliação de tais políticas.

É importante ressaltar que, mesmo com essas responsabilidades compartilhadas, o vereador tem um limite claro de atuação quando se trata da execução e gestão direta das políticas públicas. A forma como essas políticas voltadas à juventude será implementada no município depende das decisões práticas do gestor de juventude, que é quem define a operacionalização dessas ações em nível local.

A atuação complementar do gestor de juventude e do vereador é extremamente relevante, uma vez que o primeiro implementa e administra as políticas públicas e o segundo debate, aprova e fiscaliza o arcabouço legal para a temática, cabendo observar a dinâmica da juventude e o composto da intergeracionalidade[7] como elementos-chave para o desenvolvimento de políticas públicas para os próximos anos.

Diante desse cenário, torna-se impossível desassociar o desenvolvimento de políticas públicas para a juventude do desenvolvimento de políticas intergeracionais, de modo que, à medida que a população envelhece, o gestor de juventude deve pensar em estratégias que não apenas atendam às demandas dos jovens de hoje, mas que também os preparem para os desafios intergeracionais futuros, como o impacto na previdência e nas relações de trabalho.

---

[7] A intergeracionalidade é o conceito que aborda o relacionamento entre as diferentes gerações, focando principalmente a relação entre crianças, jovens e pessoas idosas.

CAPÍTULO 3

UM OLHAR SENSÍVEL PARA A JUVENTUDE

Assim como o debate sobre os direitos da juventude demorou a ganhar força no país, torna-se importante destacar que muitos municípios brasileiros ainda não reconhecem a urgência de colocar a juventude como prioridade na Administração Pública. Isso se reflete na ausência dessa temática nos Planos de Governo, deixando de lado políticas públicas essenciais que atenderiam a demandas específicas dessa faixa etária.

Tal constatação pode parecer injusta sem uma análise aprofundada, mas ao considerar as projeções do cenário futuro do país e partindo da premissa de que o envelhecimento populacional nos países europeus já é uma realidade que desafia as políticas públicas, torna-se crucial que os municípios desenvolvam um olhar sensível para a juventude, buscando preparar esse público para os impactos intergeracionais futuros.

Assim, diante dessa falta de compreensão, torna-se cada vez mais preocupante observar o desenvolvimento das políticas públicas dos municípios com o direcionamento de tais políticas voltadas para diferentes gerações de forma apartada, sem a preocupação de garantir a linearidade e a conexão entre elas.

Esse descompasso diante do desenvolvimento linear de políticas públicas municipais é uma realidade e uma situação muito onerosa para os municípios, uma vez que não é considerado o desenvolvimento de políticas intergeracionais junto aos serviços básicos ofertados para a população, como questões relacionadas ao mercado de trabalho, ao transporte público, às atividades de esporte e lazer, entre outras.

Políticas públicas afetas à garantia de direitos das crianças, adolescentes, jovens e pessoas idosas precisam ser desenhadas observando uma linearidade e continuidade, uma vez que tais gerações convivem juntas dentro das suas dinâmicas de vida e, em muitas situações, debaixo do mesmo teto.

Frente a tal percepção, Capella (2018, p. 9) mostra que "o processo de formulação de políticas públicas compreende dois elementos principais: (i) a definição da agenda e (ii) a definição de alternativas, onde o primeiro envolve o direcionamento da atenção em torno de questões ou problemas específicos e o segundo, a exploração e o desenho de um plano possível para a ação".

Esses elementos dentro do ciclo de políticas públicas são essenciais para o entendimento da importância de algumas temáticas na agenda governamental e o modo como elas passam a ser trabalhadas durante todo o mandato.

Em muitos municípios, infelizmente, a temática da juventude nunca ganhou força o suficiente para estar em tal agenda, mesmo no período em que o país vivia o *"bônus demográfico"*,[8] quando, conforme Nalin e Neder (2023), podia-se observar que metade da população brasileira tinha menos de 30 (trinta) anos.

Algumas justificativas cabem dentro dessa falta de escalabilidade da temática na agenda política dos municípios, das quais podemos destacar: **a)** a falta de engajamento juvenil e de movimentos estudantis fora de polos estudantis/universitários; **b)** a priorização de outras agendas políticas, diante das especificidades e demandas por conta das características e tamanho do território; **c)** a falta de conhecimento e/ou de recursos humanos para o desenvolvimento da temática e de suas políticas públicas; e **d)** a falta de auxílio, incentivo e compreensão dos demais entes federativos para a sensibilização sobre a importância da criação de

---

[8] Para Moratelli (2024) o fim do chamado "bônus demográfico", ou seja, o período em que a população em idade ativa cresce em ritmo maior que o da população total (que conta com a presença de crianças e idosos) pode representar mudanças significativas na gestão de políticas públicas e tendências do mercado de trabalho.

estruturas de juventude, bem como do fomento para a articulação local dos ecossistemas de juventude.

Ainda, mesmo com alguns estímulos dos demais entes federativos, nota-se a dificuldade de organização destes para auxiliar no desenvolvimento efetivo da temática, podendo ocorrer em virtude do desconhecimento técnico ou por dificuldade de compreensão das particularidades de governança de cada município em questão.

Tal pontuação corrobora o receio dos municípios de abrir espaço para o desenvolvimento da temática, por conta da visão dualista e simplificada da juventude que ainda está enraizada na sociedade atual, que estigmatiza e rotula o jovem como o futuro do país e que resolverá todos os seus problemas, ou é visto como o causador desses problemas que não deve ser ouvido.

Desse modo, a forma como o problema é compreendido pelos atores políticos e a maneira pela qual ele é definido orientarão a elaboração da agenda, assim como todo o debate em torno das escolhas no processo decisório que influenciará no desenvolvimento das ações e nos momentos de implementação e avaliação dessas políticas públicas.

Nesse contexto, a definição de problemas, segundo Capella (2018, p. 10–14), é reforçada por constituir-se, portanto, em um dos elementos mais fundamentais para explicar a formação da agenda governamental e a consequente priorização de temáticas dentro dos Planos de Governo municipais.

Assim, a sensibilização desses atores e tomadores de decisão frente à temática da juventude é primordial para garantir a priorização da agenda e a alocação de recursos para o desenvolvimento de políticas próprias para a juventude.

À medida que o cenário de envelhecimento populacional se intensifica no Brasil, torna-se indispensável a presença de um gestor de juventude nos municípios, que atue para além do atendimento das demandas imediatas dos jovens, o qual já deve antecipar cenários relacionados a questões intergeracionais futuras, a fim de garantir a atenção e adaptação de políticas públicas existentes para que não haja um sobrecarregamento dos serviços e políticas públicas ofertados.

Figura 5. Pirâmide etária, 2022

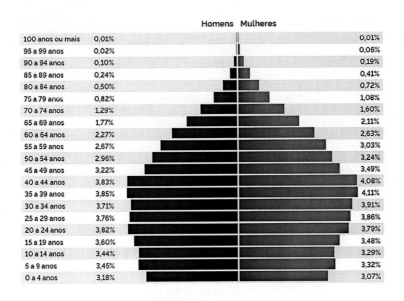

Fonte: IBGE Censo 2022: População por idade e sexo, 2022

    A pirâmide populacional do Instituto Brasileiro de Geografia e Estatística (IBGE) ilustra de forma clara o estreitamento da base, revelando a diminuição da proporção de jovens, enquanto o topo se alarga com o aumento da população idosa. Esse panorama destaca que os jovens de hoje carregarão a responsabilidade econômica e social em uma sociedade que, nos próximos anos, estará predominantemente envelhecida.

    Com isso, cabe aqui reforçar a importância de observar com atenção a temática da juventude dentro dos municípios, visto que é extremamente complicado desassociar o composto da intergeracionalidade do desenvolvimento das políticas públicas para a juventude, uma vez que, frente a esse cenário pautado pela diminuição da população economicamente ativa e, consequentemente, pela diminuição do número de jovens, a criação de políticas públicas para a juventude ganha caráter de urgência.

Assim, todas essas questões devem ser tratadas de maneira concomitante com as políticas públicas de juventude, visto que, ao observar a dinâmica entre as gerações nos municípios, mesmo com a especificidade de cada local, ainda podemos considerar a história oral, os costumes e as tradições como pilares basilares para o desenvolvimento inicial dessas políticas.

Além disso, cabe reforçar que a relação e o convívio dos jovens com as demais gerações constituem um princípio previsto no Estatuto da Juventude, art. 2º, VIII, se fazendo cada vez mais necessário pensar em políticas para a juventude que abarquem as demais gerações, entendendo de que modo tais políticas estimuladas por esse convívio possam auxiliar na garantia de bem-estar da população.

Diante desse cenário, os entes federativos, por meio de seus formuladores de políticas passam a enfrentar o desafio de integrar as políticas públicas de juventude às políticas intergeracionais com o intuito garantir o bem-estar da sua juventude, bem como garantir os seus direitos e deveres, em um contexto de transformação de políticas públicas e de todo um rol de serviços públicos a fim de atender ao crescimento exponencial da população idosa em nível local.

CAPÍTULO 4

COMO ESTRUTURAR UMA AGENDA DE JUVENTUDE

Com a sensibilização sobre a importância de se pensar no desenvolvimento imediato de políticas públicas para a juventude e ao se obter sucesso dessa temática ser contemplada no Plano de Governo, como uma das agendas prioritárias da Administração, este capítulo é iniciado com o seguinte questionamento: *"Como estruturar a Agenda Municipal de Juventude?"*.

Quando os municípios chegam a esse momento, pode ser que a situação caminhe para alguma dessas duas direções: (i) ou são designados jovens para desenvolver essa pauta e estes muitas vezes nunca estiveram em contato com o desenvolvimento de políticas públicas, (ii) ou são indicadas pessoas que já passaram da faixa da juventude para desenvolver efetivamente tais políticas, entretanto estas não entendem mais os anseios e dificuldades desse público.

Independentemente da direção adotada pelo chefe do Executivo Municipal, pode ser que a pessoa que for convidada para o desenvolvimento da temática tenha dificuldades de ter uma boa gestão das políticas para a juventude. Para isso, este manual foi desenvolvido, com a finalidade de auxiliar essas pessoas em como desenvolver de uma forma simples, objetiva e eficiente as políticas públicas para a juventude em seu município.

Para a adoção de uma abordagem estratégica visando à estruturação e desenvolvimento da temática no município, deve-se levar em consideração os desafios e as particularidades dos jovens que nele vivem.

Um exemplo relevante a ser destacado são os municípios que abrigam grandes instituições de ensino superior, pois a presença dessas instituições impacta diretamente as características e a organização da juventude local.

Fomentando uma rica variedade de expressões culturais e realidades sociais entre os jovens, tal presença leva a uma dinâmica de maior pluralidade de interesses e comportamentos. Além de estimular a formação de organizações políticas e sociais, como movimentos estudantis, organizações juvenis e grupos de discussão política.

Por fim, cabe pontuar que essas instituições também incentivam o empreendedorismo, a inovação e a tecnologia, contribuindo para a criação de *startups*, empresas juniores e grupos de pesquisa. Bem como fortalecem movimentos por direitos e participação social, evidenciando como os jovens se organizam em relação ao governo local e gerando um impacto significativo na economia local e na cultura jovem, além de aumentar a demanda por serviços voltados a esse público.

Ao colocar esse cenário em perspectiva com a realidade de municípios menores, torna-se clara a percepção de que a juventude é influenciada tanto pelas suas particularidades e características locais quanto pelo impacto da presença (ou ausência) de grandes instituições de ensino, o que impacta diretamente questões relacionadas às oportunidades de entrada no mercado de trabalho, à oferta de atividades culturais e à organização para participação política.

Em virtude dessas realidades e particularidades, torna-se elementar a compreensão da importância das políticas públicas voltadas para esse público, bem como da percepção do gestor de juventude, aqui entendido como o formulador dessas políticas públicas, para a construção de uma agenda voltada para a juventude que garanta os direitos previstos na Lei Federal n.º 12.852, de 5 de agosto de 2013.

Figura 6. Passo a passo de como estruturar uma Agenda de Juventude

AGENDA MUNICIPAL DE JUVENTUDE

1. Diagnóstico e mapeamento da realidade local
2. Definição de áreas prioritárias
3. Desenvolvimento de políticas públicas
4. Monitoramento e avaliação das políticas
5. Incentivo a participação social
6. Divulgação e comunicação
7. Fortalecimento de parcerias
8. Definição de metas e ações programáticas

PASSO-A-PASSO DE COMO ESTRUTURAR UMA AGENDA MUNICIPAL DE JUVENTUDE

Fonte: elaboração própria, 2024

Para a estruturação efetiva dessa Agenda, é importante pensar em um passo a passo para o seu desenvolvimento, considerando: **a)** a realização de diagnóstico e mapeamento da realidade local; **b)** a definição de áreas prioritárias que serão o foco para o desenvolvimento de tais políticas; **c)** a definição de metas e ações programáticas; **d)** o desenho e o desenvolvimento de políticas públicas; **e)** o fortalecimento de parcerias para a estruturação do ecossistema municipal de juventude; **f)** o monitoramento e avaliação das políticas; **g)** a divulgação e comunicação; e **h)** o incentivo à participação social.

Considerando esses passos, é possível estabelecer uma Agenda de Juventude eficaz e objetiva no município, atendendo às particularidades, desafios, anseios e características que são próprias da juventude local.

A maior parte dos tópicos supracitados também podem ser utilizados como parte da estruturação de um Plano de Juventude no município. Para isso, cabe pautar as diferenças principais entre a Agenda e o Plano, sendo estas: **(i)** o nível de formalidade; **(ii)** o nível de sua abrangência/amplitude; e **(iii)** o grau de institucionalização de cada um.

Assim, pelo fato de a Agenda ser um documento mais estratégico e flexível, este pode ser adaptado rapidamente, não necessitando de um instrumento legal (ex.: lei ou decreto) para sua formalização. Esta pode ser entendida como um documento norteador com diretrizes de atuação, enquanto que o Plano Municipal é tido como um documento mais robusto e detalhado, voltado para o longo prazo, com previsão de metas, indicadores e prazos para a execução.

A Agenda também pode ser compreendida como um complemento do Plano Municipal de Juventude, a qual através do passo a passo apresentado neste capítulo pode ser considerada como um ponto de início para a sua organização e mapeamento das necessidades das juventudes no território em questão, servindo como base para o gestor de juventude desenvolver uma estratégia de ação para os próximos anos.

CAPÍTULO 5

SISTEMA DE JUVENTUDE

Para a compreensão da função e importância dos dispositivos de juventude que serão discutidos nos próximos capítulos, é indispensável apresentar a metodologia do Sistema Municipal de Juventude, bem como a importância de sua ativação, prezando pelo desenvolvimento pleno de políticas públicas para a juventude dentro dos municípios.

Com isso este capítulo é iniciado com o seguinte questionamento: *"O que é o Sistema Municipal de Juventude?"*.

O Sistema de Juventude é uma metodologia desenvolvida a partir da observação do que o Ministério da Cultura adotou para a estruturação do Sistema Nacional de Cultura (SNC) por meio da criação dos Sistemas de Cultura, objetivando o desenvolvimento de políticas culturais dentro dos municípios e garantindo no processo o compromisso desses Sistemas de Cultura em desenvolver as estruturas de cultura necessárias para a ativação dessa sistemática.

Ao acompanhar a ativação e instituição do Sistema de Cultura no município de Jundiaí, SP,[9] por meio do Conselho Municipal de Políticas Culturais (CMPC), tornou-se muito interessante traçar um paralelo dessa sistemática para dentro da temática da juventude, evidenciando, assim, a falta de avanços nessa área em termos de estruturação temática e do auxílio do Sistema Nacional da Juventude (SNJ) com o apoio técnico, uma vez que ainda não existe a compreensão profunda de quais dispositivos de juventude são essenciais para o desenvolvimento das políticas públicas dentro dos municípios.

---

[9]   Lei Municipal n.º 10.246, de 8 de outubro de 2024, institui o Sistema Municipal de Cultura (SMC); e dá outras providências.

A partir dessa transposição, este manual busca apresentar uma metodologia que propõe a ativação dos Sistemas de Juventude, em nível municipal, com base na estruturação de poucos dispositivos de juventude, que são observados como essenciais para o desenvolvimento e manutenção das políticas públicas para a juventude.

Figura 7. Esquematização do Sistema Municipal de Juventude

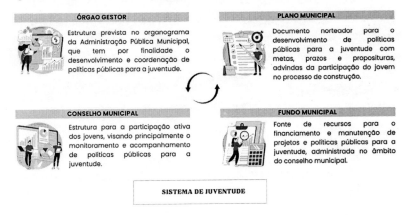

Fonte: elaboração própria, 2024

Para a ativação do Sistema Municipal de Juventude, os municípios precisam criar determinados dispositivos de juventude, com o intuito de garantir seu funcionamento, sendo eles: **(i)** órgão gestor de juventude; **(ii)** conselho e fundo municipais; e **(iii)** plano municipal de juventude, os quais serão abordados com maior profundidade nos próximos capítulos.

A elucidação desses dispositivos de juventude é essencial para apresentar a forma como estes compõem o Sistema Municipal e o modo como estes se complementam e buscam trazer maior dinamismo e estruturação para o Ecossistema Municipal de Juventude.[10]

---

[10] O capítulo 11 trabalha de modo aprofundado a questão do Ecossistema, entretanto, para a compreensão deste momento, cabe aqui pontuar que o Ecossistema Municipal de Juventude pode ser entendido como uma rede composta por todos os atores que trabalham com a temática da juventude em nível municipal.

Diferentemente do Sistema de Cultura, o Sistema de Juventude preza pela estruturação e funcionamento dos dispositivos de juventude em nível municipal, de forma enxuta, uma vez que ainda hoje existe a dificuldade de compreensão dos anseios da juventude e de suas políticas públicas.

Entendendo que esses dispositivos se complementam e garantem a participação dos atores locais de juventude na estruturação e manutenção das políticas públicas para a juventude, cabe neste capítulo apresentar a forma como esses dispositivos atuam de modo colaborativo.

Observando sua estrutura e considerando a relevância de sua ativação dentro do município, entende-se que o primeiro passo para a composição do Sistema de Juventude é a criação de uma estrutura de juventude dentro da Administração Municipal.

Tal estrutura, dentro de suas atribuições e funções, irá articular e provocar a criação e o funcionamento dos demais dispositivos de juventude, como o Conselho Municipal, e a partir disso o cenário está favorável para iniciar a discussão acerca da estruturação do Fundo Municipal de Juventude e para o desenvolvimento de um Plano de Juventude, que norteará a estruturação das políticas públicas temáticas no município.

Observando a realidade dos municípios e a priorização da temática de juventude dentro das agendas governamentais, é muito comum encontrar os municípios com apenas a estrutura de juventude e/ou o Conselho Municipal instituído.

O estímulo e a garantia de um espaço de participação social que promova a participação dos jovens na formulação e controle de políticas públicas é extremamente importante para a ativação do Sistema de Juventude, haja vista que a Constituição Federal de 1988 estabelece bases para a participação social em diversas áreas, principalmente nos dispositivos que garantem a participação direta da sociedade na formulação e controle de políticas públicas.

Embora muitos municípios já possuam um Conselho de Juventude, alguns destes enfrentam diversos desafios para garantir seu funcionamento, de modo que tais obstáculos podem se dar em virtude de questões relacionadas a: **(i)** sua estruturação e funcionamento; ou **(ii)** a dificuldade de manter a participação efetiva e ativa dos jovens nesses espaços.

Assim, este manual apresenta um capítulo específico sobre os Conselhos Municipais e demais canais de participação social do jovem, de modo que tais questões serão aprofundadas mais à frente.

O que cabe aqui pontuar é que tais obstáculos percebidos podem trazer maior dificuldade na ativação do Sistema de Juventude, visto que o município precisa de um Conselho de Juventude robusto e bem estruturado para que este consiga gerir o Fundo Municipal, outro dispositivo de juventude extremamente importante para as políticas públicas.

A criação do Fundo Municipal voltado à captação de recursos orçamentários e financeiros[11] objetiva financiar projetos, ações e políticas públicas para a juventude, bem como auxiliar na manutenção dessas políticas, atendendo às particularidades próprias da temática.

Uma vez que o município possui um órgão gestor que realiza a coordenação, gestão e execução das políticas públicas de juventude e um conselho que faz sua avaliação, controle e monitoramento, o Fundo Municipal vem, para potencializar tal dinâmica e garantir a manutenção dessas políticas e a alocação de recursos de forma coerente e específica para projetos e políticas próprios para o público em questão.

Por fim, a elaboração do Plano é o outro dispositivo importante para a ativação do Sistema de Juventude, visto que ele estabelece diretrizes, metas e ações de longo prazo para o desenvolvimento dos programas, políticas e ações propostas pelo órgão gestor, que serão monitorados e avaliados pelo conselho e financiados pelo fundo municipal de juventude.

---

[11] Recursos orçamentários são aqueles previstos no orçamento público, ou seja, autorizados pela legislação orçamentária para serem utilizados em determinada política. Enquanto que os recursos financeiros são o dinheiro efetivamente disponível para execução, muitas vezes captados por meio de transferências, arrecadações e convênios.

Assim, com a estruturação, institucionalização e organização robusta desses dispositivos de juventude, o município ativará o Sistema de Juventude, garantindo uma estrutura completa para a gestão de políticas públicas de juventude.

Essa metodologia que preconiza o Sistema de Juventude gera a reflexão sobre o papel do Sistema Nacional de Juventude (SINAJUVE) diante desse cenário, de modo que se propõe ao longo deste manuscrito sua reformulação a fim de garantir o fomento e melhor auxílio para a estruturação padronizada de tais dispositivos.

Tal propositura objetiva que a Secretaria Nacional da Juventude garanta, de forma efetiva, que os entes federativos que tenham interesse em aderir ao SINAJUVE se comprometam em criar tais dispositivos de juventude e ativem os seus respectivos Sistema Municipais. Isso porque a integração do órgão gestor, conselho, fundo e do plano de juventude proporciona uma base institucional sólida para o desenvolvimento de políticas públicas eficazes de juventude.

Os próximos capítulos irão discorrer de forma mais aprofundada sobre cada dispositivo de juventude apresentado e sua importância para uma boa gestão de políticas públicas de juventude dentro dos municípios.

CAPÍTULO 6

ÓRGÃO GESTOR DE JUVENTUDE

A definição de uma estrutura dentro do organograma da Administração Pública Municipal é elementar para o bom desenvolvimento de políticas públicas para a juventude.

Tal constatação pode parecer óbvia, entretanto ainda há um número muito pequeno de estruturas municipais de juventude pelo país, reforçando a premissa da dificuldade de colocar tal temática como uma agenda prioritária nos Planos de Governo.

Superada essa barreira, iniciamos este capítulo com o questionamento: *"Qual estrutura de juventude é mais interessante para ser criada no município?"*.

Ao longo dos anos, enquanto estive como assessora de Políticas para a Juventude da Prefeitura de Jundiaí, SP, esse foi um dos questionamentos mais realizado por pessoas interessadas em cravar a pauta da juventude em seus municípios.

Infelizmente, ou felizmente, não existe uma resposta correta para essa pergunta, uma vez que a escolha da estrutura de juventude mais adequada para o seu município irá depender de suas particularidades e, mais do que isso, da forma como essa temática é vista dentro da Administração Pública.

Diante desse fato, cabe pautar que o órgão gestor de juventude pode ser entendido como o dispositivo mais estratégico dentro do Sistema Municipal de Juventude, visto que este faz parte do organograma no Executivo Municipal e tem o desafio de ativar os demais instrumentos de juventude.

Esse órgão possui desafios muito particulares ao observar o seu funcionamento. O primeiro versa sobre a sua criação, visto que há a necessidade de conscientizar os decisores municipais sobre a importância de ter a juventude na agenda política e, a partir disso, entender quais as estratégias que serão pensadas para a estruturação desse órgão gestor no município.

Para isso, se faz necessário observar a dotação orçamentária do município, suas características e o tipo de estrutura institucional que será criada, visando ao desenvolvimento de uma estratégia de governança local de juventude.

A governança de juventude é o processo de articulação de diferentes atores, como governo, sociedade civil organizada e jovens, objetivando garantir que as políticas públicas dessa temática sejam desenvolvidas e implementadas de forma participativa e transparente, assegurando o atendimento das demandas da juventude na gestão pública.

Dito isso, existem dois tipos de estruturas que podem ser criadas: um órgão executivo ou uma assessoria temática. Tais estruturas são extremamente diferentes entre si e cada uma segue um direcionamento específico quando observado o desenvolvimento de políticas públicas para a juventude dentro do município.

Figura 8. Tipos de Estrutura de Juventude

ASSESSORIA DE JUVENTUDE
- Vinculada à Secretarias Meio;
- Principal articuladora de políticas e atuação transversal;
- Auxiliadora e coordenadora para o desenvolvimento de políticas;
- Assessora o prefeito e seu secretário em assuntos inerentes e pertinentes à temática.

ÓRGÃO GESTOR DE JUVENTUDE
- Vinculada à Secretarias Finalísticas;
- Possui dotação orçamentária para a execução e manutenção de políticas e ações para a juventude;
- Criadora e executora de projetos para o desenvolvimento de políticas.
- Possui uma equipe para auxiliar no desenvolvimento profundo da temática.

ESTRUTURAS DE JUVENTUDE

Fonte: elaboração própria, 2024

O tipo de estrutura que será adotada pelo Executivo Municipal irá depender da estratégia de governança adotada pelo município, bem como a consideração de suas particularidades, visto que o seu tamanho e a forma como o prefeito enxerga o desenvolvimento dessa temática poderão influenciar na definição da forma desse dispositivo de juventude.

Com isso, se torna comum encontrar municípios que, por falta de recursos ou por estratégia política, optam por ter dentro do seu organograma um assessor que irá alinhar e articular junto às secretarias finalísticas as particularidades e necessidades da temática visando ao desenvolvimento de políticas públicas.

Ao mesmo tempo que se pode encontrar a proposta de destinar um volume maior de investimentos para a temática e criar um órgão gestor de juventude com autonomia e estrutura humana, buscando direcionar esforços específicos para o desenvolvimento de políticas próprias para a juventude local.

Em suma, a grande diferença entre esses dois tipos de estruturas apresentadas é o nível de autonomia que o formulador de políticas para a juventude terá dentro do Executivo Municipal.

Tal autonomia implicará ou não a mobilização de recursos para o financiamento direto de tais políticas, visto o grau de governança municipal que influenciará a tomada de decisão do líder do executivo e forma como são observadas as particularidades do território, que influenciam diretamente na escolha desse tipo de estrutura em questão e na sua forma de atuação.

É fundamental que o formulador de políticas públicas atue de forma transversal dentro da Administração Pública, independentemente do modelo de dispositivo de juventude que se pretenda estruturar.

Essa visão permite integrar as políticas públicas voltadas à juventude já existentes em secretarias como esporte, educação e cultura, garantindo que essas ações se complementem e se tornem mais eficazes.

Embora muitos municípios contem com políticas públicas voltadas ao público jovem, sobretudo por meio de sistemas universais como o Sistema Único de Saúde (SUS) e o Sistema Único de Assistência Social (SUAS), a falta de organização transversal dificulta o reconhecimento das ações já realizadas com base em evidências concretas, fragilizando, assim, o desenvolvimento de políticas mais assertivas e integradas para a juventude.

(i). Órgão Executivo de Juventude

O órgão executivo tem como finalidade a criação, condução e financiamento de projetos e ações programáticas para o desenvolvimento de políticas para a juventude, visto que é tido como uma estrutura com autonomia e dotação orçamentária.

Esse órgão é vinculado a alguma das secretarias finalísticas dentro do organograma da Administração Pública, tais como: Saúde, Educação, Assistência Social, Esporte e Lazer, entre outras.

Por conta de ter maior autonomia, orçamento e recursos humanos, esse tipo de estrutura viabiliza a criação e o financiamento próprio de políticas específicas para a juventude, podendo estar estruturado como uma Subsecretaria, uma Divisão, uma Coordenação ou uma Diretoria; o que muda entre essas categorizações é a dotação orçamentária, o grau de autonomia e a quantidade de recursos humanos alocados para a estrutura.

Com isso, aqui cabe pautar que a escolha de uma dessas categorizações dependerá do interesse e da estratégia política da Administração, bem como da forma como a governança municipal reflete a alocação de recursos e interesse na temática.

(ii). Assessoria de Políticas para a Juventude

Dentro do organograma municipal, a Assessoria temática é uma estrutura institucional criada com conotação e finalidade totalmente diferentes do órgão executivo de juventude.

Essa diferenciação é extremamente importante de ser compreendida, visto que há muita confusão a respeito de qual a responsabilidade desse assessor no desenvolvimento das políticas públicas, uma vez que ele não possui autonomia, dotação orçamentária própria e recursos humanos alocados para a execução de tais políticas.

Com finalidade de articular, auxiliar e coordenar o desenvolvimento de políticas, a Assessoria atua em parceria com as secretarias finalísticas, visto que esse tipo de estrutura está geralmente vinculado às secretarias-meios, ou seja, secretarias que não lidam de forma direta com público, como a Casa Civil.

A atuação do Assessor, com a anuência da secretaria à qual está vinculado, se dá de forma transversal com as demais secretarias e órgãos de juventude de outros entes federativos, objetivando a articulação para o desenvolvimento de políticas específicas para a juventude nas secretarias finalísticas.

Assim, dada a particularidade das Assessorias de Juventude, cabe apontar que essa estrutura pode ser entendida ou não como um órgão gestor da temática, uma vez que sua função é auxiliar o secretário ao qual está subordinada, em questões inerentes, comumente não possuindo autonomia e recursos financeiros e humanos para o desenvolvimento finalístico da temática dentro do município.

O entendimento das Assessorias enquanto órgão gestor depende da visão e da compreensão que o chefe do Executivo tem, bem como a forma pela qual se dá a governança municipal diante de suas particularidades na região; entretanto, cabe pontuar que, no geral, as Assessorias não têm autonomia para gerir ou implementar diretamente as políticas públicas.

CAPÍTULO 7

PLANO DE JUVENTUDE

Previsto no art. 43, II, da Lei Federal n.º 12.852, de 5 de agosto de 2013, a qual institui o Estatuto da Juventude, o Plano Municipal é outro dispositivo importante para a ativação do Sistema de Juventude, norteando o desenvolvimento de políticas públicas para a juventude dentro dos municípios.

Entretanto, cabe ressaltar que, apesar dos avanços significativos pela garantia dos direitos da juventude, ainda hoje pouquíssimos são os municípios que se debruçaram sobre a importância desse instrumento e, diante das especificidades de suas juventudes, desenvolveram seus respectivos Planos Municipais.

A dificuldade de comprometimento e o receio dos municípios com o desenvolvimento do Plano tende a ocorrer por alguns motivos, podendo ser:

1. Pelo fato dos demais entes federativos também não possuírem um Plano de Juventude, de modo que muitos gostariam de desenvolver seus Planos Municipais com base nos Planos dos demais entes federativos, conforme preveem os artigos 41, IV e 42, II, do Estatuto da Juventude;

2. Pelos desafios da implementação prática das ações previstas no Plano, uma vez que há a demanda de recursos para a execução de seu plano de ação;

3. Pela falta de recursos financeiros e humanos dedicados às políticas de juventude;

4. Pela ausência de estruturas institucionais de juventude dentro do organograma da Administração Pública Municipal, que provoquem e coordenem o desenvolvimento do Plano;

5. Pela falta de informações consistentes sobre a realidade da juventude local;

6. Pelo baixo engajamento juvenil nas ações, projetos e programas municipais;

7. Pela falta de institucionalização do Plano Municipal;

8. Pela falta de mecanismos de fiscalização e monitoramento visando ao cumprimento das metas e ações programáticas do Plano;

9. Pela falta de continuidade administrativa, comprometendo as perspectivas a longo prazo das políticas públicas; nesse caso, o Plano Municipal da Juventude tem que ser instituído como política de Estado, e não de governo; e

10. Pela falta de compromisso com a atualização e revisão do documento, acompanhando a fluidez e o dinamismo da juventude.

Frente a tais desafios para a elaboração e o desenvolvimento do Plano de Juventude, observa-se como os demais dispositivos previstos no Sistema de Juventude são importantes visando à construção desse instrumento norteador para as políticas públicas municipais de juventude.

A presença de uma estrutura de juventude que provoque e motive a construção do Plano Municipal da Juventude em prol de uma boa gestão municipal de políticas públicas se faz primordial em todo o processo, uma vez que garante uma construção participativa e intersetorial, abrangendo tanto as demais secretarias quanto os demais atores municipais que lidam com a promoção e garantia dos direitos da juventude.

Além disso, a existência de um Conselho Municipal de Juventude atuante e bem estruturado, com um Fundo Municipal de Juventude, é fundamental para viabilizar o financiamento e a manutenção das políticas e ações programadas no Plano Municipal de Juventude.

O Conselho, por sua vez, desempenha um papel crucial no processo de fiscalização, monitoramento e gestão dos recursos, garantindo que as ações sejam efetivamente implementadas e executadas conforme previsto.

Logo, a chave para o sucesso do desenvolvimento e implementação do Plano Municipal da Juventude são os demais dispositivos de juventude previstos no Sistema, que garantem a participação social dos jovens, aprimorando o entendimento e compreensão destes de todo o processo.

Mais do que isso, garantindo a aproximação da juventude do Poder Público e suas políticas, garantindo uma maior participação de jovens nos conselhos municipais e no consequente desenvolvimento de políticas públicas específicas.

Torna-se importante reconhecer a possibilidade de desenvolver um Plano de Juventude com base nos direitos previstos no Capítulo II do Estatuto da Juventude, sem ter como base os Planos de Juventude dos demais entes federativos.

Com isso, cabe aqui enfatizar a importância da sua publicação e institucionalização, considerando a relevância de o município ter políticas públicas que perpassem governos, garantindo que esse documento com diretrizes, metas e propostas tenha um desenvolvimento objetivo de políticas públicas de juventude a longo prazo, com base na visão da juventude local sobre o atendimento de seus direitos.

Logo, esse dispositivo é o elemento mais analítico dentro do Sistema Municipal de Juventude, uma vez que auxiliará o órgão gestor e o conselho municipal de juventude no desenvolvimento, monitoramento e avaliação de políticas públicas próprias para a juventude, com base nas necessidades locais desse público.

Ao compreender a importância de se estruturar uma Agenda Municipal de Juventude, bem como suas principais diferenças do Plano Municipal da Juventude, ainda cabe neste capítulo melhor explorar tais ponderações sob a ótica do desenvolvimento do Plano.

(i). Nível de Formalidade

O Plano Municipal é um instrumento legal e administrativo, que visa orientar o Poder Público a longo prazo quanto ao desenvolvimento de determinadas políticas públicas observando as particularidades e desafios da temática em questão.

Assim, o Plano pode ser sancionado como uma lei municipal obrigando os governos a segui-lo, ou pode ocorrer por meio de um decreto, definindo de uma forma mais objetiva sua regulamentação e a forma como esse Plano será desenvolvido no município, com diagnóstico, indicadores, pesquisas quantitativas e qualitativas, metodologia e plano de ação com responsabilidades claras e prazos para a execução, firmando o compromisso a longo prazo para a sua implementação prática.

A compreensão do processo de instrumentalização do Plano é extremamente importante, visto que a definição e construção de uma Agenda de Juventude pode ser vista como um documento de referência e orientativo para a atuação do órgão gestor ao longo da gestão municipal.

Sob essa ótica, a Agenda de Juventude é um documento muito mais simples e flexível que o Plano, visto que não há a necessidade de institucionalização, além desta também ser muito menos detalhada, visando orientar ações pontuais e projetos junto aos dispositivos de juventude.

(ii). Grau de Abrangência ou Amplitude

Dentro dessa diferença, cabe ressaltar que o Plano Municipal da Juventude deve contemplar todas as dimensões da vida do jovem, sendo desenvolvido abarcando todos os direitos previstos no Estatuto da Juventude.

Esse enfoque, observando o desenvolvimento integral de políticas públicas para a juventude no município, leva à realização de um diagnóstico completo que se traduz em uma maior sensibilidade da administração local sobre os desafios locais do jovem e a forma como tais desafios serão mitigados nos próximos anos.

Diferentemente da Agenda de Juventude, que possui um enfoque distinto, podendo ser direcionada para direitos específicos dos jovens, dependendo do olhar da Administração para esse público, construindo, assim, uma base rápida e norteadora para o desenvolvimento de ações.

Nesse sentido, se conclui que a construção de uma Agenda de Juventude tem um dimensionamento muito menor do que o desenvolvimento do Plano da Juventude, que, por sua vez, busca abranger de forma global todos os aspectos e particularidades desse público para o desenvolvimento objetivo e eficaz de políticas públicas temáticas.

(iii). Grau de Institucionalização

Por fim, o grau de institucionalização é outra diferenciação importante entre o Plano Municipal de Juventude e a Agenda de Juventude que fica em evidência.

O processo de construção da Agenda, diante do Plano, é extremamente simples e rápido, não necessitando de grande participação da população em virtude da sua característica específica e imediata, diferentemente do desenvolvimento do Plano Municipal da Juventude, que exige maior cuidado e estruturação, uma vez que é um processo mais longo e técnico.

Assim, a elaboração de um Plano Municipal deve prezar pela mobilização, sensibilização e participação do maior número possível de atores do ecossistema municipal de juventude, além de garantir o comprometimento, anuência e validação das secretarias e conselho municipal, bem como a participação da população nos processos de pesquisa e escuta, como em audiências públicas.

Concluindo, a efetiva implementação do Plano da Juventude depende dos dispositivos do Sistema Municipal de Juventude para garantir a sua revisão e continuidade. De modo que a criação de um Plano bem elaborado aliada à atuação de um Conselho Municipal de Juventude e à existência de um Fundo específico para o financiamento de políticas são passos fundamentais para assegurar que os direitos da juventude sejam efetivamente garantidos e que as ações previstas no Plano sejam cumpridas.

Esse compromisso precisa ser consolidado como uma política de Estado, transcendente a gestões, para garantir uma boa resposta às necessidades dinâmicas da juventude local.

CAPÍTULO 8

CANAIS DE PARTICIPAÇÃO SOCIAL

Sabendo que um dos direitos previstos no Estatuto da Juventude versa sobre a Participação Social e Política, pois o jovem tem direito a essas participações, bem como na formulação, execução e avaliação das políticas públicas, este capítulo objetiva discorrer e apontar os principais canais de participação social para o jovem nos municípios, assim como calcar a importância do Conselho Municipal, enquanto dispositivo para a ativação do Sistema de Juventude e o seu papel no ciclo das políticas públicas.

A participação social dos jovens nas decisões municipais é um aspecto crucial para a construção de políticas públicas que realmente atendam às suas necessidades e expectativas.

No contexto municipal, existem diversos canais de participação que permitem aos jovens exercerem seu direito de serem ouvidos e atuarem ativamente na formulação dessas políticas. Para contextualizar, a imagem a seguir ilustra de forma didática os principais mecanismos de participação disponíveis, reforçando a importância de estruturas como o Conselho Municipal de Juventude, que potencializam a representatividade e a voz da juventude no ciclo das políticas públicas.

Figura 9. Canais de Participação para a Juventude

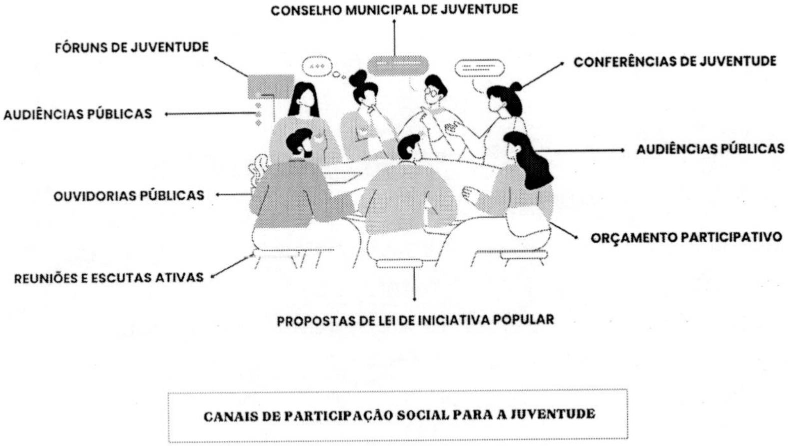

Fonte: elaboração própria, 2024

Assim, sob a ótica do desenvolvimento de políticas públicas para a juventude e diante da busca pela garantia de seus direitos, a Lei Federal n.º 12.852/2013 reforça a importância de alguns desses canais de participação, como: **(i)** Conselho de Juventude; **(ii)** Conferências de Juventude; **(iii)** Fóruns de Juventude; e **(iv)** Coletivos Jovens, Associações e Grêmios Estudantis e Organizações Formais de Juventude.

(i). Conselho de Juventude

A instituição do Conselho de Juventude é um dos dispositivos que foi mais fortalecido dentro dos municípios nos últimos anos, sendo que este pode ser instituído tanto por meio dos Executivos Municipais quanto dos Legislativos Municipais com estímulo dos demais entes federativos.

Ao observar a institucionalização desse dispositivo, cabe reforçar a importância da incorporação do Fundo Municipal de Juventude no desenvolvimento de sua Lei, a fim de entender de que modo a dinâmica do Conselho se dará dentro do município.

Com isso, diante da estruturação do Conselho, existe a necessidade de definir alguns desafios que devem ser analisados e superados, para garantir seu bom funcionamento, como a paridade de cadeiras, compostas tanto pela indicação de membros do poder público quanto pela eleição de membros da sociedade civil.

Outro desafio em torno da institucionalização desse dispositivo é compreender a realidade local e entender qual será a finalidade do Conselho frente ao monitoramento e avaliação de políticas públicas para a juventude.

Ao analisar as Leis Municipais que instituem os Conselhos da Juventude, é possível identificar diferentes atribuições para esse dispositivo, que podem variar entre três funções principais: deliberativa, consultiva e fiscalizadora.

Como órgão **deliberativo**, o Conselho possui a capacidade de tomar decisões e formular diretrizes para as políticas públicas de juventude, exercendo um papel ativo na definição e direcionamento das ações governamentais.

Já em sua função **consultiva**, o Conselho atua de forma mais orientadora, oferecendo pareceres e recomendações para a administração pública, sem ter poder de decisão vinculante.

Por fim, o caráter **fiscalizador** se refere ao acompanhamento e monitoramento da execução das políticas e programas destinados à juventude, garantindo que os compromissos firmados sejam cumpridos e que os direitos dos jovens sejam assegurados.

Todas essas características tendem a direcionar a forma de atuação e o andamento dos trabalhos dentro do Conselho, bem como determinam a forma como esse ofício entra em consonância com as políticas desenvolvidas pelo Executivo Municipal, por meio do seu órgão gestor de juventude.

Além de definir as características do Conselho e a forma pela qual este irá atuar dentro do ciclo de políticas públicas, cabe listar o maior desafio para garantir seu funcionamento: **a ampla participação da juventude nesse espaço**.

Esse desafio está relacionado com a dificuldade das indicações de conselheiros do Poder Público serem de jovens com idade entre 15 (quinze) e 29 (vinte e nove) anos para compor o Conselho enquanto representantes das secretarias, bem como permitir que jovens que não possuam vínculos com a sociedade civil organizada participem da disputa eleitoral e ocupem a cadeira de conselheiros municipais.

Nos Conselhos de Juventude que já estão instituídos há mais tempo, um dos principais desafios é ajustar a legislação à realidade e às especificidades da juventude local. Isso porque, sendo uma fase extremamente dinâmica do desenvolvimento humano, a juventude está em constante transformação, exigindo que as políticas públicas acompanhem essas mudanças e se mantenham sempre atualizadas.

Frente a isso, as legislações afetas a essa temática devem acompanhar tais mudanças, visando garantir de forma objetiva a participação dos jovens na condição de conselheiros municipais auxiliando no ciclo local de políticas públicas para a juventude.

Diante dessa prerrogativa, um dos obstáculos mais comuns observados nas leis mais antigas de Conselhos é a exclusiva participação da sociedade civil organizada,[12] que atua na garantia e promoção dos direitos da juventude, criando dificuldade para o jovem que tem interesse de participar, sem vínculo algum a essas organizações.

Assim, por não haver nenhum vínculo, nesses casos o jovem tem o seu direito dirimido de disputar a eleição do Conselho Municipal pela cadeira de conselheiro, podendo apenas participar na condição de ouvinte.

Entendendo tais desafios afetos às leis de Conselhos Municipais em vigor há tanto tempo, o município de Jundiaí, SP compreendeu a importância de adequar a legislação vigente às características da juventude local, de modo que foi aprovada e instituída a Lei

---

[12] Sociedade Civil Organizada pode ser entendida como as associações, movimentos sociais, entidades e instituições, legalmente constituídas, que garantem e atuam com os direitos da juventude no território.

Municipal n.º 10.179, de 13 de junho de 2024, a qual reformulou o Conselho Municipal da Juventude (COMJUVE) e o Fundo Municipal da Juventude (FUNJOVEM), revogando norma correlata.

Essa lei reformulou o COMJUVE Jundiaí, buscando de forma objetiva priorizar a composição do Conselho por jovens com idade entre 15 (quinze) e 29 (vinte e nove) anos, conforme prevê o Estatuto da Juventude, de modo que três adequações foram contempladas nessa nova legislação:

1. A criação do segmento "representante da cidade" como parte da composição das cadeiras estabelecidas pela Sociedade Civil;

2. A restrição etária para que obrigatoriamente os jovens com idade entre 15 (quinze) e 29 (vinte e nove) anos possam se candidatar; e

3. A condição de que as pessoas indicadas tanto do poder público quanto da sociedade civil organizada tenham, preferencialmente, entre 15 (quinze) e 29 (vinte e nove) anos.

Logo, diante da metodologia do Sistema de Juventude apresentada no capítulo 5, o Conselho Municipal é outro dispositivo que garante a sua ativação, haja vista que este é um espaço de participação social previsto na Constituição Federal de 1988, que aproxima os jovens e as organizações que garantem os direitos da juventude, no monitoramento e avaliação de políticas públicas para a juventude.

(ii). Conferências de Juventude

Em busca de melhor explorar os espaços de participação social voltados à juventude, este capítulo foi dividido em seções para melhor abordar cada um desses momentos.

A Conferência Nacional de Juventude é um fórum deliberativo, que promove a integração e o diálogo desse público com as mais diversas instâncias governamentais e instituições da sociedade civil organizada dentro da temática da juventude.

Desde 2008, com a realização da 1ª Conferência Nacional, esse espaço vem fortalecendo as políticas nacionais de juventude, de modo que com a regulamentação dos direitos da juventude em 2013, por meio da Lei Federal n.º 12.852, de 5 de agosto de 2013, há a formalização da existência e a previsão de convocação e a realização dessas conferências, com intervalo máximo de 4 (quatro) anos.

Assim, quando há a publicação do decreto no Diário Oficial da União convocando a realização da Conferência Nacional da Juventude, bem como de seu regimento interno por meio de portaria que busca regulamentar a forma como essa conferência será realizada em todo o território nacional.

Sua realização ocorre por meio de etapas com responsabilidades conferidas aos municípios, Distrito Federal e aos estados, uma vez que há a execução de conferências municipais e/ou intermunicipais; conferências estaduais, regionais e do Distrito Federal, onde são eleitos delegados para representar tanto o seu município quanto o seu estado ou região nas demais etapas subsequentes até a Conferência Nacional.

Como este manual aborda toda uma programática de políticas públicas de e para a juventude voltada aos municípios, cabe nesta seção também abordar a importância da realização das conferências municipais e intermunicipais de juventude.

Nos primeiros capítulos deste manual, foi abordado o desafio de elevar a juventude a uma agenda política. Diante disso, por conta de uma falta de sensibilização à temática, muitos municípios não compreendem a importância de realizar a Conferência de Juventude.

Em 2021, foi aprovada na Assembleia Legislativa do Estado de São Paulo (Alesp) a Lei Complementar n.º 1.362/2021, que cria a Região Metropolitana de Jundiaí (RMJ), composta pelos municípios de Jundiaí, Campo Limpo Paulista, Várzea Paulista, Jarinu, Itupeva, Louveira e Cabreúva.

Esse momento marcou um ponto decisivo para Jundiaí ao reforçar a importância de se discutir políticas públicas de juventude em âmbito regional, já que a vida dos jovens se expande para além dos limites municipais, ganhando mais força na região. Com isso, houve uma sensibilização e articulação com os demais municípios da região em prol dessa temática.

A partir dessa compreensão, foi reconhecido que muitos jovens têm suas atividades de lazer, estudo ou trabalho em cidades vizinhas, o que levou os municípios a se organizarem para realizar, de forma conjunta, a 1ª Conferência Intermunicipal de Juventude da Região Metropolitana de Jundiaí, em 2022.

Na ocasião, o município de Itatiba também foi convidado a participar de tal organização, em virtude de sua proximidade com as demais cidades da Região.

Nessa Conferência reuniram-se jovens das instituições de ensino de toda a região, bem como houve a participação e parceria da Diretoria Regional de Ensino, prefeitos, vice-prefeitos, secretários, vereadores e, na época, da Subsecretaria Estadual de Juventude, a fim de discutir de modo regionalizado os direitos da juventude.

A partir disso, percebeu-se que a organização, a estruturação e o desenvolvimento de políticas públicas para a juventude dentro dos municípios da Região e Itatiba foram reforçados, e os municípios em questão passaram a atuar de uma forma muito mais próxima visando ao desenvolvimento local dessa temática.

Tanto que nas etapas subsequentes da Conferência Nacional da Juventude estes se organizaram, enquanto região, para estar presentes com seus delegados e discutir suas características e particularidades de juventude tanto na Conferência Estadual quanto na Nacional, em 2023.

Logo, a realização da 1ª Conferência Intermunicipal da Juventude é um exemplo de como um fórum deliberativo pode influenciar positivamente as dinâmicas municipais, bem como os processos de cooperação, desenvolvimento e elaboração de políticas públicas de juventude.

Assim, objetivando apresentar mais um espaço de participação social para a juventude nos municípios, as Conferências são um momento reconhecido pelo Estatuto da Juventude como uma forma de garantir que o jovem tenha direito à participação social e política e na formulação, execução e avaliação das políticas públicas de juventude.

O estímulo ao exercício da cidadania ativa dos jovens na participação direta dos processos que abrangem o ciclo de políticas públicas tende a impactar diretamente suas vidas e as suas comunidades, visto que estes têm a oportunidade de debater, propor e votar ideias e diretrizes que irão influenciar a dinâmica das políticas públicas em âmbito municipal.

Mais do que isso, as Conferências Municipais e Intermunicipais estimulam o protagonismo juvenil, colocando o jovem no centro da discussão e em contato com todas as fases do ciclo de políticas públicas para a juventude.

Essa construção colaborativa faz com que o jovem se sinta parte do processo e sinta que as suas demandas estão sendo ouvidas, de forma que se torna possível a estruturação de políticas públicas, a partir da propositura de soluções criativas para desafios cotidianos que esses jovens enfrentam dentro das suas dinâmicas de vida nos municípios.

(iii). Fóruns de Juventude

Diferente dos Conselhos Municipais, que são espaços institucionais de participação e que possuem um papel extremamente relevante no ciclo de políticas públicas, os Fóruns, Movimentos Sociais Juvenis, Coletivos Jovens e Associações e Grêmios Estudantis estão mais voltados à promoção do diálogo, à mobilização da juventude e ao seu engajamento em torno da promoção e garantia de seus direitos previstos no Estatuto da Juventude.

De modo que, nesta seção, cabe exemplificar que durante o processo de desenvolvimento do Plano Municipal da Juventude em Jundiaí, SP um dos métodos de pesquisa qualitativa utilizado foi a realização do Fórum Descentralizado de Juventude com foco em saúde e qualidade de vida, em parceria com a Faculdade de Medicina de Jundiaí (FMJ).

Esse Fórum teve por objetivo aprofundar as discussões com os jovens universitários na área da saúde, sobre questões referentes à saúde do jovem, como o uso abusivo de drogas, saúde mental e prevenção e qualidade de vida.

Tal momento foi extremamente importante para compreender a relação da juventude com a saúde e o modo como o município poderia desenvolver políticas públicas específicas para esse público.

Esse diálogo levou ao desenvolvimento de uma Política de Atenção Integral à Saúde do Jovem[13] no Município, por meio da criação e institucionalização do grupo de trabalho temático,[14] em um momento em que a relação da juventude com a saúde é marcada por desafios e questões emergentes, principalmente nas áreas de saúde mental, acesso aos serviços e comportamentos de risco, visto que os jovens não realizam consultas preventivas buscando o cuidado com a sua saúde.

Esse é apenas um dos muitos exemplos de como a realização de fóruns de juventude pode resultar em políticas públicas efetivas voltadas para a juventude.

De modo que, sob essa perspectiva, o município de Jundiaí institui a Lei n.º 10.107, de 6 de março de 2024, que estabelece e inclui no Calendário Municipal de Eventos o Fórum Municipal da Juventude, a ser realizado anualmente, na Semana Municipal da Juventude, no mês de agosto, a fim de garantir a participação e o protagonismo jovem no debate, na provocação para a criação e monitoramento de tais políticas.

(iv). Coletivos Jovens, Associações e Grêmios Estudantis e Organizações Formais de Juventude

Nesta seção, serão exploradas as formas de organização juvenil mais comuns e de que modo estes se organizam dentro dos municípios, sendo: (a) Coletivos Jovens; (b) Associações e Grêmios Estudantis; e (c) Organizações Formais de Juventude.

---

[13] Instituída pelo Decreto Municipal nº 34.721, de 19 de dezembro de 2024, publicado na Imprensa Oficial do Município - Edição 5568 | 2ª edição de 20 de dezembro de 2024.

[14] Decreto Municipal n.º 34.243, de 11 de julho de 2024, publicado na Imprensa Oficial do Município no dia 31 de julho de 2024, Edição 5.501.

a. Coletivos Jovens

Os Coletivos Jovens, ao contrário das Conferências e Fóruns Municipais, são formas de organização mais informais, com atuações focadas em causas culturais, ativismo e espaços de debate e formação política.

O mapeamento desses coletivos pela Administração Pública oferece uma oportunidade de aproximação com a juventude local, compreendendo melhor suas preocupações e especificidades, além de possibilitar maior fluidez na criação de ações e projetos transversais voltados para os jovens no município.

b. Associações e Grêmios Estudantis

As Associações e os Grêmios são formas de organização presentes nas instituições de ensino, que buscam incentivar a participação política, social e cultural dos jovens no ambiente escolar. Além disso, atuam como importantes canais de diálogo entre os estudantes e a direção das escolas, promovendo a aproximação e a interlocução entre ambos.

Dentro dessa classificação, podemos encontrar os Grêmios Estudantis, os Centros e Diretórios Acadêmicos como elementos mais comuns na organização juvenil e estudantil dentro dos municípios.

Atualmente, a obrigatoriedade de grêmios estudantis nas instituições de ensino está estabelecida na legislação brasileira, a qual garante o direito à organização nesses locais, de modo que os principais marcos legais para essa criação e atuação dos grêmios se encontram no artigo 16 do Estatuto da Juventude e na Lei Federal n.º 7.398, de 4 de novembro de 1985, que institui o Grêmio Livre.

Frente a esse contexto, cabe aqui pontuar que os grêmios enfrentam diversos desafios nos municípios, que podem variar de acordo com as particularidades e características locais, bem como com a realidade nas escolas.

Entretanto, alguns desses desafios são comuns e cabe ao gestor de juventude pensar em estratégias de fortalecimento dessas organizações, de forma conjunta com outros órgãos, como a Diretoria Regional de Ensino e o Conselho Municipal da Juventude, a fim de mitigar tais questões.

São problemas comuns: a falta de incentivo e apoio institucional; desconhecimento dos direitos da juventude; o baixo engajamento dos estudantes; a falta de formação e capacitação, bem como a falta de valorização dos grêmios dentro das instituições e de continuidade dos trabalhos e projetos já desenvolvidos.

Sob a ótica das instituições de ensino superior, cabe aqui pontuar a importância dos centros e diretórios acadêmicos dentro desses espaços, exercendo um papel muito semelhante ao dos grêmios dentro das escolas.

Torna-se interessante pontuar que em municípios onde há menos infraestrutura universitária, muitos Centros e Diretórios enfrentam dificuldades de se estabelecer e de se manterem ativos por conta das características e formas de organização da juventude local.

Entretanto, nos municípios onde há uma maior infraestrutura, os Centros e Diretórios podem se tornar espaços importantes de debate e engajamento da juventude local por meio de projetos dentro e até fora da instituição.

A organização e a coordenação de debates, protestos, eventos culturais e acadêmicos são atividades frequentes nesses espaços, que também abordam outras pautas relevantes nesse contexto. Esses ambientes se destacam como locais de formação política e cidadã, estimulando a conscientização e o engajamento dos jovens.

c. *Organizações Formais de Juventude*

Aqui, as organizações formais de juventude são entendidas como entidades estruturadas, reconhecidas legalmente e com regulação própria, que representam e atuam na garantia e promoção dos direitos da juventude, conforme previstos no Estatuto da Juventude.

Entre as principais características dessas organizações cabe citar: sua estrutura legal e reconhecimento local; a diversidade de atuação frente às particularidades e direitos dos jovens; os canais de comunicação entre a juventude e os entes governamentais; a participação ativa; a formação e capacitação; bem como o engajamento dos jovens em ações comunitárias.

A partir dessas características, torna-se importante pautar o papel que esses organismos possuem dentro de diversas etapas do ciclo de políticas públicas para a juventude, como diagnóstico, formulação de propostas e políticas públicas, bem como na implementação de programas e projetos em parceria com governo e outras instituições e no monitoramento da efetividade das ações implementadas.

Diante disso, é importante traçar um paralelo sobre o papel dessas organizações na articulação do ecossistema de juventude, visto que elas asseguram que o município conte com uma rede de atores comprometidos com os direitos da juventude, contribuindo para a atuação e integração dos dispositivos de juventude e promovendo a ativação do Sistema Municipal.

Organizações como Grupos Escoteiros, *Rotary* e *Lions Club*, Associação de Educação do Homem de Amanhã, Centro de Integração Empresa-Escola, bem como outras Associações e Organizações Não Governamentais, são alguns dos atores que se enquadram nessa categoria e fortalecem o ecossistema municipal de juventude, assegurando o funcionamento dos dispositivos de juventude para a efetivação do Sistema Municipal de Juventude.

CAPÍTULO 9

FUNDO MUNICIPAL DA JUVENTUDE

Observando a sistematização da metodologia que versa sobre a ativação do Sistema Municipal de Juventude, a institucionalização do Fundo de Juventude é o quarto dispositivo que deve ser abordado e pode ser considerado o mais desafiador dentro do ciclo de políticas públicas e na gestão de políticas públicas de juventude.

Embora o Estatuto da Juventude, por meio do seu artigo 48, estabeleça a possibilidade de criação de fundos de juventude em todas as instâncias federativas, e por mais que haja a previsão legal para a criação de Fundos de Juventude, cabe reforçar aqui a falta de priorização política e, consequentemente, a restrição orçamentária para essa criação.

Mais uma vez, retomamos a premissa do início deste manual, sobre a importância de se desenvolver um olhar sensível à temática da juventude dentro dos municípios e estabelecer estratégias para transformar essa temática em uma agenda de governo, dentro da Administração Pública.

Diferentemente de outros Conselhos Municipais, como o dos Direitos da Criança e do Adolescente (CMDCA) e o da Pessoa Idosa (COMDIPI), que possuem fundos ativos e organizados por leis, resoluções e determinações nacionais, as quais objetivam o financiamento de projetos para essas temáticas, a institucionalização e estruturação de um Fundo de Juventude ainda é uma realidade muito distante, visto a necessidade de sua regulamentação para a destinação de verbas como nos outros Conselhos supracitados.

Sob a ótica do funcionamento dos dispositivos municipais de juventude, torna-se importante pautar que é prudente a estruturação de um Fundo Municipal, após a ativação e organização dos demais dispositivos de juventude, visto que estes irão auxiliar no planejamento, na coordenação e na execução de projetos e políticas públicas para a juventude.

Sem esse tipo de estruturação e organização, dificilmente os municípios serão bem-sucedidos no desenvolvimento dos dispositivos elementares para a ativação do Sistema de Juventude, bem como desenvolverão políticas públicas objetivas para a juventude.

Logo, para a instituição do Fundo de Juventude, o município necessita de um Conselho Municipal de Juventude ativo, organizado e em pleno funcionamento, garantindo que haja a captação e alocação coerente e transparente de recursos para os projetos, bem como o auxílio e a manutenção de políticas para a juventude.

Assim, enquanto não há determinações que regulamentem a alocação de recursos como ocorre em outros Conselhos, bem como não há repasse de Fundo para Fundo dentro da temática em questão, visto que ainda não há um Fundo Nacional da Juventude para o direcionamento de orçamento, cabe ao Conselho, em parceria com o Órgão Gestor, desenvolver essas estratégias de captação e repasses de recursos financeiros para que o Conselho Municipal de Juventude possa financiar projetos próprios para a temática.

Desse modo, é importante ter em vista que esse dispositivo é tido como o diferencial dentro da concepção do Sistema Municipal de Juventude, uma vez que este garante a manutenção de políticas públicas de juventude e o direcionamento de recursos próprios para o cumprimento de metas e ações dentro do Plano Municipal de Juventude, com a coordenação do órgão gestor e o auxílio do Conselho, na garantia da participação social do jovem em todo o ciclo de políticas públicas.

CAPÍTULO 10

REFORMULAÇÃO DO SISTEMA NACIONAL DA JUVENTUDE

Frente à apresentação da metodologia do Sistema Municipal da Juventude, cabe discorrer neste capítulo de que forma a adesão de tal estrutura pela Secretaria Nacional de Juventude (SNJ) pode impactar positivamente o funcionamento do Sistema Nacional de Juventude (SINAJUVE).

O SINAJUVE, assim como o Estatuto da Juventude, foi instituído pela Lei Federal n.º 12.852, de 5 de agosto de 2013 e regulamentado nos termos do Decreto n.º 9.306, de 15 de março de 2018.

Tal Decreto dispõe em seu art. 1º que o Sistema se constitui como forma de articulação e organização da União, dos estados, do Distrito Federal, dos municípios e da sociedade civil para a promoção de políticas públicas de juventude.

Com isso, este também aponta requisitos mínimos para que os entes federativos façam a adesão ao Sistema Nacional, sendo estes parte do Sistema de Juventude proposto neste manual, como: Conselho de Juventude, Órgão Gestor e, com um prazo de 2 (dois) anos a partir da data de adesão, a criação do Plano de Juventude.

Entretanto, o referido Decreto não aponta como requisito mínimo a criação do Fundo de Juventude e a forma como a fiscalização ocorrerá, prezando pela elaboração e institucionalização desses Planos de Juventude dentro do prazo estimado.

Para que o Sistema Nacional de Juventude se consolide no país, falta a ativação e efetivação de alguns dispositivos que são elementais para o seu funcionamento, como o Plano Nacional de Juventude e o Subsistema de Informação, Monitoramento e Avaliação, incentivando os demais entes federativos a desenvolver políticas públicas relacionadas à temática, bem como os estimulando a criarem os seus próprios dispositivos de juventude, garantindo a ativação de seus Sistemas de Juventude, em nível local.

Assim, pelo fato da regulamentação do SINAJUVE não contemplar a importância de um Fundo de Juventude, a temática de juventude deixa de avançar, resultando em um ônus frente ao reconhecimento de boas práticas de juventude, por meio do financiamento de tais políticas, como o repasse de verbas Fundo a Fundo.

Mais do que isso, a promoção de políticas públicas para a juventude ainda perde com a falta de participação efetiva dos entes federativos nesse processo de adesão, uma vez que o SINAJUVE requer que o município já tenha alguns dispositivos de juventude estruturados para participar, o que não garante o engajamento destes na manutenção e na criação dos demais dispositivos para ativar o Sistema de Juventude, como já explorado neste manual.

Logo, frente a essa questão, a alternativa mais interessante seria a reformulação do SINAJUVE abarcando a mesma metodologia utilizada pelo Sistema Nacional de Cultura (SNC), a qual garante que os municípios e demais entes federativos que têm o interesse de aderir ao Sistema se comprometam a desenvolver, com força de Lei, seus próprios Sistemas Municipais, com os dispositivos necessários para tal ativação, de modo que só assim o município passa a estar apto para receber recursos e garantir o desenvolvimento efetivo de políticas públicas temáticas para a população.

Atualmente, na forma que está constituído, o Sistema Nacional de Juventude (SINAJUVE) falha no seu propósito de ser uma forma de articulação e organização do governo federal com os demais atores de juventude, de modo que este, atualmente, não permite a interação dos gestores de juventude e a apresentação de suas boas práticas no desenvolvimento de políticas públicas, bem como não auxilia os demais entes que têm o interesse de desenvolver tal temática em seu território.

Logo, propõe-se a reformulação do SINAJUVE, estabelecendo uma nova regulamentação que atenda a essas questões que são consideradas cruciais para o desenvolvimento de políticas públicas para a juventude, bem como a compreensão de que os dispositivos de juventude são elementares para a ativação do Sistema de Juventude, garantindo que as políticas para a juventude avancem no país e que os entes federativos se comprometam com o desenvolvimento de estruturas sólidas de juventude em seus territórios, com suporte técnico.

CAPÍTULO 11

FORMAÇÃO DO ECOSSISTEMA DE JUVENTUDE

Este capítulo possui a finalidade de elucidar de que modo a formação de um ecossistema auxilia os dispositivos de juventude dentro de um Sistema Municipal ativo e consagra uma boa governança de juventude dentro dos municípios.

Frente a essa contextualização, é importante lembrar que a boa governança municipal de juventude se refere à gestão eficaz e transparente das políticas públicas direcionadas aos jovens, buscando priorizar sua participação ativa e a articulação com as mais diversas secretarias da administração pública, a fim de atender às demandas locais.

Partindo da premissa de que os Sistemas de Juventude são compostos por quatro dispositivos, sendo estes: órgão gestor, conselho, fundo e plano municipal, e compreendendo que sua ativação garante o desenvolvimento e funcionamento eficiente de políticas públicas para a juventude, torna-se importante pontuar que o Sistema não é uma estrutura isolada, de modo que faz sentido compreender que existem outros atores que atuam na garantia e promoção dos direitos da juventude e que possuem interesses na forma como tais políticas públicas se configurarão em nível municipal.

Assim, objetivando o melhor entendimento do ecossistema de juventude, far-se-á necessária a associação dessa macroestrutura com o conceito de ecossistema empresarial a fim de compreender de que modo a estruturação de uma rede de juventude impacta a boa governança da temática.

James F. Moore desenvolveu o conceito de ecossistema empresarial em seu livro *Death of competition: leadership and strategy in the age of business ecosystems* (1996)[15] com o intuito de explicar que esses ecossistemas empresariais incluem os atores e *stakeholders*[16] que sempre se consideraram parte do núcleo de interesses da empresa, somando ainda os canais de distribuição e suas cadeias de suprimentos.

Além disso, dentro desse conceito, Moore (1996) acrescenta a relevância daqueles que possuem um efeito significativo nesse núcleo, como as associações de comércio, corpos regulatórios, sindicatos, investidores, entre outros mais.

Assim, transpondo tal premissa para a área da gestão pública, e considerando o desenvolvimento das políticas públicas para a juventude, é possível correlacionar tudo isso, observando a dinâmica dentro dos municípios para a construção do ecossistema de juventude.

A boa governança de juventude se solidifica a partir do momento em que o município organiza a atuação de uma rede dinâmica, composta pelos mais diversos atores que trabalham pela garantia dos direitos da juventude.

A aglutinação de todos esses atores em uma rede local alimenta e garante o bom funcionamento dos dispositivos de juventude aqui citados, priorizando, assim, sua manutenção e a eficiência das políticas públicas para a juventude.

---

[15] *Death of competition: leadership and strategy in the age of business ecosystems* (1996) = Morte por competição: liderança e estratégia em uma era de ecossistemas de negócios (tradução nossa).

[16] Stakeholders: termo utilizado dentro da Administração e Negócios para pessoas com interesses direto ou acessório dentro de dada dinâmica.

Figura 10. Ecossistema de Juventude, baseado no conceito de Moore (1996)

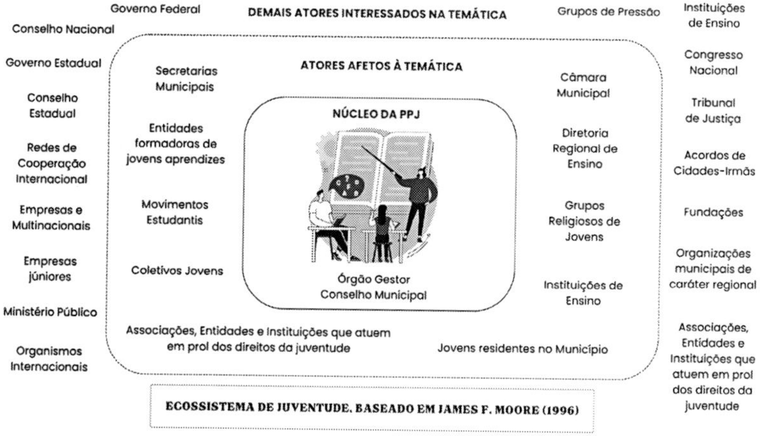

Fonte: elaboração própria, 2024

O tamanho do município e as suas especificidades tendem a influenciar na forma como esse ecossistema irá se constituir, visto que, de modo mais simplificado, um ecossistema de juventude seria composto por todos os atores que se encontram no mesmo território e que atuam na garantia da autonomia, direitos e deveres da juventude.

Nesse caso, cabe também discorrer neste capítulo sobre o motivo pelo qual as especificidades dos municípios são relevantes dentro da estruturação dessa rede, visto que a depender do seu tamanho e das suas características a dinâmica dentro das cidades muda e, junto disso, a forma pela qual a Administração Pública se organiza para atender a tal dinâmica também difere de outros municípios.

Logo, ao transpor esse conceito de ecossistema para dentro desse ciclo de políticas públicas em âmbito municipal, faz sentido o desenvolvimento de um ecossistema que permita, de forma inovadora, a escolha de instrumentos que auxiliem o desenvolvimento de políticas com a mobilização dos mais diversos atores que trabalham com essa temática no território e objetivando a formulação de políticas efetivas.

Dentro da estruturação desse ecossistema de juventude, cabe o apontamento de Capella (2018, p. 86) de que os instrumentos utilizados na formulação de tais políticas são extremamente importantes, uma vez que estes são baseados na construção de capacidades buscando esclarecer as pessoas, eliminar barreiras e empoderar agentes e população, por meio de treinamento, assistência técnica, educação e informação necessárias à ação.

Partindo dessa prerrogativa, Capella (2018, p. 74–75) reforça que um aspecto fundamental da formulação é compreender que as políticas públicas são desenhadas por meio dos instrumentos capazes de traduzir as intenções dos formuladores de políticas em um conjunto de ações concretas.

Assim, o desenvolvimento do ecossistema pode ser entendido como a base para a solidificação de uma boa gestão de juventude, destacando a importância de o formulador de políticas públicas ter um ambiente que permita a criação de dispositivos de juventude para compor tal ecossistema e, consequentemente, ativar seu Sistema Municipal de Juventude.

Logo, o ecossistema de juventude pode ser entendido como uma rede composta por atores que trabalham na promoção e garantia dos direitos da juventude, como as organizações formais tratadas no capítulo 8, mais os dispositivos de juventude previstos no Sistema Municipal da Juventude, que são entendidos como o núcleo do desenvolvimento de políticas públicas para a juventude em âmbito municipal.

Por fim, é importante destacar que a formação desse ecossistema de juventude é essencial para a efetivação de uma governança municipal eficaz e integrada. A articulação entre diferentes atores e dispositivos de juventude permite que o município atenda de forma mais eficaz às demandas locais, promovendo a participação ativa dos jovens.

Logo, a interdependência entre os atores e interessados que compõem esse ecossistema não apenas potencializa a gestão dessas políticas públicas temáticas, mas também fortalece os direitos da juventude.

Dessa forma, além da estruturação dos dispositivos de juventude, a articulação de uma rede local e a utilização de instrumentos adequados para a institucionalização das políticas públicas são fundamentais para a ativação do Sistema Municipal de Juventude.

CAPÍTULO 12

CONSIDERAÇÕES FINAIS

O manual *Planejamento e Execução de Políticas Públicas para a Juventude* foi desenvolvido com o intuito de auxiliar e nortear as pessoas que são convidadas a atuar com as políticas públicas para a juventude dentro da Administração Pública.

Mais do que isso, ao longo dos capítulos, buscou-se traçar um panorama sobre a importância de sensibilizar os municípios para o desenvolvimento de políticas públicas para a juventude, bem como conscientizar sobre a relevância de criar dispositivos de juventude que auxiliem na boa gestão de políticas públicas e ativem o seu Sistema Municipal de Juventude.

Ainda, a organização de um ecossistema de juventude no município busca enriquecer ainda mais o funcionamento do Sistema de Juventude e de seus dispositivos, garantindo que as demandas locais de juventude sejam atendidas de forma objetiva.

Com a inversão da pirâmide populacional, fica evidente que os municípios precisam adaptar suas políticas públicas. Preparar a juventude para enfrentar os desafios futuros, em um cenário onde a população será predominantemente idosa e a população economicamente ativa diminuirá de forma considerável, é um aspecto fundamental a ser observado.

Mais do que isso, esse cenário reforça o desafio dos gestores de juventude em formular políticas de juventude que dialoguem com as políticas intergeracionais, garantindo um desenvolvimento contínuo e linear de políticas que atendam a todas as gerações, que frequentemente coabitam o mesmo espaço.

Buscou-se ainda esclarecer particularidades da intersecção etária abrangida tanto pelo Estatuto da Criança e do Adolescente quanto pelo Estatuto da Juventude, correlacionando os direitos, deveres e a autonomia desse público pautado por legislações, com o Código Penal.

A responsabilização penal do jovem ao atingir a maioridade é considerada um divisor de águas quando observadas questões relacionadas à proteção integral e ao sistema de garantia de direitos previsto no ECA, destacando ainda os desafios e oportunidades para aprimorar as políticas públicas que evitem que os jovens cometam tanto atos infracionais quanto crimes.

Diante disso, o manual *Planejamento e Execução de Políticas Públicas para a Juventude* visa auxiliar aqueles que atuam na promoção de políticas públicas de juventude, enfatizando a importância dessa temática na agenda política do município e a necessidade de estruturar uma agenda de juventude que compreenda o ciclo de políticas públicas.

Ao trazer enquanto proposta a reformulação do Sistema Nacional da Juventude (SINAJUVE), também são sugeridas adequações que permitam articular sua propositura com a estrutura apresentada do Sistema de Juventude, fortalecendo os demais entes federativos no desenvolvimento de políticas públicas para a juventude e reconhecendo as boas práticas desenvolvidas no país.

Essa reformulação do SINAJUVE é crucial para fortalecer a articulação entre os entes federativos e garantir que as políticas atendam, de forma efetiva, às necessidades da juventude local. De modo que, nesse contexto, a criação do Fundo da Juventude é um fator-chave, pois garante recursos para implementar projetos e ações voltadas a esse público.

A estruturação do Sistema Municipal de Juventude desempenha um papel fundamental na dinâmica local, organizando a atuação dos diversos atores envolvidos e garantindo uma gestão mais eficaz das políticas públicas de juventude no município.

Assim, para os gestores de juventude, os próximos passos devem vislumbrar a articulação e sensibilização dos atores locais para a implementação dos dispositivos de juventude abordados ao longo deste manual.

Reforçando, assim, a importância de se estruturar o ecossistema municipal de juventude e compor uma rede local que auxilie na promoção dos canais de participação social para os jovens, visando ao desenvolvimento de um Plano Municipal da Juventude que contemple a realidade e as demandas dos jovens locais, orientando assim a elaboração de políticas públicas de forma objetiva e eficaz.

REFERÊNCIAS

BRASIL. Lei n.º 13.431, de 4 de abril de 2017. Estabelece o sistema de garantia de direitos da criança e do adolescente vítima ou testemunha de violência e altera a Lei nº 8.069, de 13 de julho de 1990 (Estatuto da Criança e do Adolescente). **Diário Oficial [da] República Federativa do Brasil**: Poder Executivo: seção 1, Brasília, DF, ano 154, n. 66, p. 1, 5 abr. 2017.

BRASIL. Decreto n.º 9.306, de 15 de março de 2018. Dispõe sobre o Sistema Nacional de Juventude, instituído pela Lei n.º 12.852, de 5 de agosto de 2013. **Diário Oficial da União**: seção 1, Brasília, DF, ano 155, n. 52, p. 1, 15 mar. 2018.

BRASIL. Decreto-Lei n.º 2.848, de 7 de dezembro de 1940. Código Penal. 1940. **Diário Oficial da União**: seção 1, Brasília, DF, p. 23.911, 31 dez. 1940.

BRASIL. **Emenda Constitucional n.º 65, de 13 de julho de 2010**. Altera a denominação do Capítulo VII do Título VIII da Constituição Federal e modifica o seu art. 227, para cuidar dos interesses da juventude. Diário Oficial da União: seção 1., Brasília, DF, p. 12.010, 14 jul. 2010.

BRASIL. **Lei n.º 12.852, de 5 de agosto de 2013**. Institui o Estatuto da Juventude e dispõe sobre os direitos dos jovens, os princípios e diretrizes das políticas públicas de juventude e o Sistema Nacional de Juventude — SINAJUVE. **Diário Oficial da União**: seção 1, Brasília, DF, ano 150, n. 150, p. 1, 6 ago. 2013.

BRASIL. Ministério da Cultura. Sistema Nacional de Cultura. **Componentes do SNC**. Brasília, DF: Ministério da Cultura, 2024. Disponível em: http://portalsnc.cultura.gov.br/sistemas-de-cultura/. Acesso em: 21 set. 2024.

BRASIL. Ministério dos Direitos Humanos e da Cidadania. **Sistema Nacional da Juventude (Sinajuve)**. Brasília, DF: Ministério dos Direitos

Humanos e da Cidadania, 2021. Disponível em: https://www.gov.br/mdh/pt-br/navegue-por-temas/juventude/acoes-e-programas/sistema-nacional-da-juventude-sinajuve. Acesso em: 21 set 2024.

BRASIL. Ministério Nacional de Cultura. **Sistemas Nacional de Cultura (SNC)**. Brasília, DF: Ministério Nacional de Cultura, c2025. Disponível em: http://portalsnc.cultura.gov.br/sistemas-de-cultura/. Acesso em: 21 set. 2024.

BRASIL. Portaria SG/PR n.º 185, de agosto de 2024. Institui o Estatuto da Juventude e dispõe sobre os direitos dos jovens, os princípios e diretrizes das políticas públicas de juventude e o Sistema Nacional de Juventude - SINAJUVE. **Diário Oficial [da] República Federativa do Brasil**: Poder Executivo: seção 1, Brasília, DF, ano 150, n. 150, p. 1, 21 ago. 2024.

CAPELLA, Ana Cláudia Niedhardt. **Formulação de Políticas Públicas**. Brasília: Enap, 2018. 151 p.

FRANCESCONI JÚNIOR, Vandermir. A janela do bônus demográfico. **Centro das Indústrias de São Paulo**, São Paulo, 12 jul.2023. Disponível em: https://www.ciesp.com.br/artigos/a-janela-do-bonus-demografico. Acesso em: 21 set. 2024.

INSTITUTO BRASILEIRO DE GEOGRAFIA E ESTATÍSTICA. **População — Pirâmide Etária — 2022**. Rio de Janeiro: IBGE, 2022 [c2024]. Disponível em: https://cidades.ibge.gov.br/brasil/panorama. Acesso em: 21 set. 2024.

JUNDIAÍ (SP). Decreto n.º 33.964, de 25 de abril de 2024. Dispõe sobre a aprovação e institui o Plano Municipal da Juventude (2024/2034). **Impresa Oficial do Município**: Jundiaí, SP, 26 abr. 2024.

JUNDIAÍ (SP). Decreto n.º 34.243, de 11 de julho de 2024. Dispõe sobre a criação do Grupo de Trabalho para a criação da Política de Atenção Integral à Saúde do Jovem. **Impresa Oficial do Município**: Jundiaí, SP, 31 jul. 2024.

MORATELLI, Valmir. O desafio do Brasil envelhecido: fim do "bônus demográfico". **Veja**, [s. l.], 1 abr. 2024. Disponível em: https://veja.abril.

com.br/coluna/veja-gente/o-desafio-do-brasil-envelhecido-fim-do-bo-
nus-demografico. Acesso em: 12 set. 2024.

NALIN, Carolina; NEDER, Vinicius. Brasil não é mais um país de jovens:
fatia da população com menos de 30 anos cai a menos da metade. **O
Globo**, Rio de Janeiro, Economia, 2023. Disponível em: https://oglobo.
globo.com/economia/noticia/2023/06/brasil-nao-e-mais-um-pais-de-
-jovens-fatia-da-populacao-com-menos-de-30-anos-cai-a-menos-da-
-metade.ghtml. Acesso em: 21 set. 2024.

SÃO PAULO (Estado). **Lei Complementar n.º 1.362, de 30 de novembro de 2021.** Cria a Região Metropolitana de Jundiaí e dá providências
correlatas. São Paulo (Estado): Governador do Estado de São Paulo,
2021. Disponível em: https://www.al.sp.gov.br/repositorio/legislacao/
lei.complementar/2021/lei.complementar-1362-30.11.2021.html. Acesso
em: 21 set. 2024.

UN GENERAL ASSEMBLY (54th sess.: 2000). **54/120. Policies and pro-
grammes involving Youth:** resolution/adopted by the General Assembly.
[New York]: UN, [2000]. 4p. Disponível em: https://documents-dds-ny.
un.org/doc/UNDOC/GEN/N00/246/20/PDF/N0024620.pdf?OpenEle-
ment. Acesso em: 21 set. 2024.